ちくま新書

現代語訳 学問のすすめ

福澤諭吉
Fukuzawa Yukichi
齋藤 孝＝訳

766

はじめに――今、なぜ現代語訳か?

『学問のすすめ』は、一八七二(明治五)年から一八七六(明治九)年にかけて全十七編の分冊として発行され、一八八〇(明治十三)年に合本し一冊の本として出版されました。合本の前書きによると、初編の発行以来九年間で七十万冊も売れ、当時の大ベストセラーでした。

日本人が書いた書物の中では最も有名なものの一つで、冒頭の「天は人の上に人を造らず」というフレーズは、誰もがそらんじることができる。そんな有名な本を今、わざわざ現代語訳する意味があるのでしょうか。

実は最近、私が教えている大学生に読んだことがあるか聞いてみたのですが、その結果、数百人に聞いても読んだことがある人はゼロでした。

明治の啓蒙思想家で慶應義塾の創始者でもある福澤諭吉(一八三五―一九〇一)が占める地位は、決して今の日本でも軽んじられてはいません。一万円札の肖像になっていることからもわかるように、近代日本を代表するリーダーと見られている。現在もその思想は評価されているのですが、現実に若い人たちは『学問のすすめ』をまったくと言っていいほど読んでいない。

なぜか。これはやはり文語体で書かれている、ということが大きいのではないか、と思います。もちろん、文語体でも読めないことはないけれども、やはり隔靴《かっか》掻痒《そうよう》という感じになってしまう。どうしても今の時代の自分に語りかけてくれるようには読めないのです。

それでは、ちょっともったいない。福澤は当時の人間にその息づかいを感じさせる文体でこの本を書いた。だったら、当時の福澤がやったように、同時代の若い人たちの心にすっと染みこんでいくような、そういう本を作りたい。そのために現代語訳をするのが必要だと考えたのです。

各編は独立しているので、興味を持ったところから読み始め、そのうちに止まらなくなる、という読み方もよいでしょう。また、海外の思想を日本の状況に照らしてわかりやすく紹介した本を「訳述書」と言いますが、前半はその性格がわりと強く、国家と個人の関係を、当時誕生間もない近代国家日本の実情に即して語っています。後半は人生設計の技術や判断力の鍛え方などビジネス書的な要素が盛り込まれているので、具体的な技術について知りたい人は、後半の第十四〜十七編あたりから読んでもよいと思います。当時の日本を導いた彼の息づかいをぜひ感じてください。

現代語訳 学問のすすめ【目次】

初編

学問には目的がある

†人権の平等と学問の意義

「天は人の上に人を造らず、人の下に人を造らず」と言われている。

つまり、天が人を生み出すに当たっては、人はみな同じ権理（権利）を持ち、生まれによる身分の上下はなく、万物の霊長たる人としての身体と心を働かせて、この世界のいろいろなものを利用し、衣食住の必要を満たし、自由自在に、また互いに人の邪魔をしないで、それぞれが安楽にこの世をすごしていけるようにしてくれているということだ。

しかし、この人間の世界を見渡してみると、賢い人も愚かな人もいる。貧しい人も、金持ちもいる。また、社会的地位の高い人も、低い人もいる。こうした雲泥の差と呼ぶべき違いは、どうしてできるのだろうか。

その理由は非常にはっきりしている。『実語教』という本の中に、「人は学ばなければ、智はない。智のないものは愚かな人である」と書かれている。つまり、賢い人と愚かな人との違いは、学ぶか学ばないかによってできるものなのだ。

また世の中には、難しい仕事もあるし、簡単な仕事もある。難しい仕事をする人を地位の重い人と言い、簡単な仕事をする人を地位の軽い人という。およそ心を働かせてする仕事は難しく、手足を使う力仕事は簡単である。だから、医者・学者・政府の役人、また大きい商売をする町人、たくさんの使用人を使う大きな農家などは、地位が重く、重要な人と言える。

社会的地位が高く、重要であれば、自然とその家も富み、下のものから見れば到底手の届かない存在に見える。しかし、そのもともとを見ていくと、ただその人に学問の力があるかないかによって、そうした違いができただけであり、天が生まれつき定めた違いではない。

西洋のことわざにも、「天は富貴を人に与えるのでなく、人の働きに与える」という言葉がある。つまり、人は生まれたときには、貴賤や貧富の区別はない。ただ、しっかり学問をして物事をよく知っているものは、社会的地位が高く、豊かな人になり、学ばない人は貧乏で地位の低い人となる、ということだ。

†役に立つ学問とは何か

ここでいう学問というのは、ただ難しい字を知って、わかりにくい昔の文章を読み、また和歌を楽しみ、詩を作る、といったような世の中での実用性のない学問を言っているのではない。たしかにこうしたものも人の心を楽しませ、便利なものではあるが、むかしから漢学者や国学者などの言うことは、それほどありがたがるほどのことでもない。

むかしから漢学者に社会生活が上手なものは少なく、また和歌が上手くて、かつ商売が上手いという人はまれだ。このために、心ある町人や百姓は、自分の子が学問に一生懸命になるのを見て、やがて家の財産を失ってしまうだろうと、親心として心配するものもある。これは当然のことだ。こうした学問が実用に役立たず、日常生活には使えないあかしであるからだ。

そうだとすれば、いま、こうした実用性のない学問はとりあえず後回しにし、**一生懸命にやるべきは、普通の生活に役に立つ実学である。**たとえば、いろは四十七文字を習って、手紙の言葉や帳簿の付け方、そろばんの稽古や天秤の取り扱い方などを身につけることをはじめとして、学ぶべきことは非常に多い。

　地理学とは、日本国中だけでなく、世界中の国々の風土の案内をしてくれるものだ。物理学というのは、この宇宙のすべてのものの性質を見て、その働きを知る学問である。歴史学とは、年代記を詳しくしたもので世界の歴史のようすを研究するものだ。経済学というのは、個人や一つの家庭の家計から世の中全体の会計までを説明するものである。修身学とは、行動の仕方を学び、人との交わり方や世間での振るまうべき自然の「道理（倫理）」を述べたものである。

　こうした学問をするにあたっては、西洋の翻訳書を調べ、だいたいのことは漢語を使わずにできるだけやさしい言葉で対応すべきである。もしくは、若くして学問の才能があるものについては、西洋の原文を読ませる。それぞれの学問では事実を押さえて、物事の性質を客観的に見極め、物事の道理をつかまえて、いま現在必要な目的を達成すべきである。

　こういった学問は、人間にとって当たり前の実学であり、身分の上下なく、みなが身につけるべきものである。この心得があった上で、士農工商それぞれの自分の責務を尽くしていくというのが大事だ。そのようにしてこそ、それぞれの家業を営んで、個人的に独立し、家も独立し、国家も独立することができるだろう。

†自由とはわがままのことではない

学問をするには、なすべきことを知ることが大事である。人が生まれたときは、何にも繋がれず縛られず、一人前の男は男、女は女として、自由であるけれども、ただ自由とだけ言って「分限（義務）」を知らなければ、わがまま放題になってしまう。その分限とは、天の道理に基づいて人の情にさからわず、他人の害となることをしないで、自分個人の自由を獲得するということだ。

自由とわがままの境目というのは、他人の害となることをするかしないかにある。たとえば、自分のお金を使ってすることなら、酒や女遊びにおぼれてやりたい放題やっても、自由であるからかまわない、というように思えるかもしれないけれども、決してそうではない。ある人がやりたい放題やるのは、他の人の悪い手本になって、やがては世の中の空気を乱してしまう。人の教育にも害になるものであるから、浪費したお金はその人のものであっても、その罪は許されないのだ。

†国家の独立とは何か

自由独立ということは、個人だけのことではなくて、国においても言えることだ。この日本はアジアの東の島国であって、むかしから外国と交わりを結ばなかった。自国の産物で自給自足していたが、嘉永年間(一八四八—五四)にアメリカからペリーが来て外国との交わりがはじまった。そして今日に至ったわけだ。なお、開港した後でも、「鎖国」や「攘夷《じょうい》」などとうるさく言っていた者もいるが、たいへん狭いものの見方であり、ことわざに言う「井の中の蛙」のようなものだ。こういう議論はとるにたらない。

日本といっても、西洋諸国といっても、同じ天地の間にあり、同じ太陽に照らされ、同じ月を眺めて、海を共にし、空気を共にし、人情が同じように通い合う人間同士である。こちらで余っているものは向こうに渡し、向こうで余っているものはこちらにもらう。お互いに教え学びあい、恥じることもいばることもない。お互いに便利がいいようにし、お互いの幸福を祈る。

「天理人道(天が定めた自由平等の原理)」にしたがって交わり、合理性があるならばアフリカの黒人奴隷の意見もきちんと聞き、道理のためにはイギリスやアメリカの軍艦を恐れることもない。国がはずかしめられるときには、日本国中のみなが命を投げ出しても国の威厳を保とうとする。これが一国の自由独立ということなのだ。

中国人のように、自国よりほかに国がないように思い、外国人を見れば「夷狄《いてき》夷狄《いてき》(野蛮人め!)」と呼んで動物のように扱い、これを嫌い、自分の力も客観的に把握せずに、むやみに外国人を追い払おうとして、かえってその「夷狄」に苦しめられている「アヘン戦争など」という現実は、まったく国として身のほどを知らないところからきている。個人の例で言えば、自由の本質をわきまえないでわがまま放題におちいったものといえるだろう。

†新しい時代の新しい義務

王政復古・明治維新以来、この日本の政治のスタイルは大きく改まった。国際法をもって外国に交わり、国内では人々に自由独立という方針を示した。具体的には、平民へ苗字を持つことを許し、馬に乗ることを許したようなことは、日本はじまって以来のすばらしいことだ。士農工商の位を同等にする基礎がここでできた。

これからは、日本中ひとりひとりに生まれつきの身分などといったものはない。ただその人の才能や人間性や社会的役割によって、その位というものが決まるのだ。たとえば、政府の官僚を軽んじないのは当然だが、それはその人の身分が尊いからではない。その人がその才能や人間性でその役割をつとめ、国民のために尊い国の法律を扱っているからこそ敬意を払うのだ。個人が尊いのではなく、国の法律が尊いのである。

旧幕府の時代には、東海道に「御茶壺」が通るときには、みなその前に土下座した。将軍の鷹《たか》は人よりも大事にされた。幕府が使う馬には、往来の人も道を譲った。すべて「御用」という二字をつければ、石でも瓦でもおそろしく尊いものに見えてしまっていた。

世の中では、ずっとむかしからこうした馬鹿げたことを嫌ってはいたが、しかし、自然にそのしきたりに慣れてしまったのだ。上はいばり、下は卑屈になるという見苦しい社会的な空気を作っていた。これらの慣習自体が尊かったのではなく、茶壺などの品物が尊かったわけでもなく、単に政府の威光で人をおどして、人々の自由を妨げようとする卑怯なやり方である。内容のないただの空いばりだった。

今日に至っては、全国的にこうしたあさましい制度や社会的な空気というのはないはずである。したがって、みな安心して、**仮に政府に対して不平があったら、それを抑えて政府をうらむより、それに対する抗議の手段をきちんととって遠慮なく議論をするのが筋で**

ある。天の道理や人の当たり前の情にきちんと合っていることだったら、自分の一命をかけて争うのが当然だ。これが国民のなすべき義務というものである。

†恐れず行動せよ

一人の人間も、一つの国も、天の与えた道理というものに基づいて、もともと縛られず自由なものであるから、そうした一国の自由を妨げようとするものがあったら、世界のすべての国を敵にしても恐れることはないし、個人の自由を妨げようとするものがあれば、政府の官僚に対しても、遠慮することはない。ましてや近頃は四民平等の基本もできたことなので、みな安心して、ただ天の道理にしたがって思う存分に行動するのがよい。

とはいえ、人にはそれぞれの社会的役割や才能というものがある。才能や人間性を身につけるには、物事の筋道を知る必要がある。それを知るためには、文字を学ばなければならない。だから、現在学問が緊急に必要とされているのだ。最近のようすを見ると、農工商の身分はかつてより百倍も地位が上がり、士族と肩を並べる勢いになっている。その農工商の出身であっても、人物が優れていれば政府に採用される道も開けている。だから、自分の社会的役割をきちんと認識し、その重さを考え、卑しいことはしないようにすべきである。

†ひどい政府は愚かな民が作る

世の中で学問のない国民ほど哀れで憎むべきものはない。知恵がないのが極まると恥を知らなくなる。自分の無知のゆえに貧乏になり、経済的に追い込まれたときに、自分の身を反省せずに金持ちをうらんだり、はなはだしくなると、集団で乱暴をするということもある。これは恥知らずであり、法を恐れない行為である。世の中の法律を頼りにして、身の安全を保って社会生活をしているにもかかわらず、依存するところは依存しておきながら、都合が悪くなると自分の私利私欲のために法律を破ってしまうやつがいる。矛盾していないだろうか。

もともと家柄がよく、財産があるものも、お金を蓄えることは知っていながら、自分の子どもや孫をきちんと教育することを知らない。きちんと教育されなかった子どもたちが、また愚かになっていくことも不思議ではない。そうした人間は、やりたい放題をするようになって先祖から受け継いだ財産もすぐになくしてしまう。こうした愚かな民を支配するには、道理で諭《さと》しても無理なので、威力でおどすしかない。

西洋のことわざにある「愚かな民の上には厳しい政府がある」というのはこのことだ。これは政府が厳しいというより、民が愚かであることから自ら招いたわざわいである。愚かな民の上に厳しい政府があるとするならば、よい民の上にはよい政府がある、という理屈になる。いまこの日本においても、このレベルの人民があるから、このレベルの政府があるのだ。

もしも、国民の徳の水準が落ちて、より無学になることがあったら、政府の法律もいっそう厳重になるだろう。もし反対に、国民がみな学問を志して物事の筋道を知って、文明を身につけるようになれば、法律もまた寛容になっていくだろう。法律が厳しかったり寛容だったりするのは、ただ国民に徳があるかないかによって変わってくるものなのである。

厳しい政治を好んで、よい政治を嫌うものは誰もいない。自国が豊かになり、強くなることを願わないものはいない。外国にあなどられることをよしとするものもいない。これは人の当然の感情である。

いまの世の中に生まれて、国をよくしようと思うものは、何もそれほど苦悩する必要はない。大事なことは、人としての当然の感情に基づいて、自分の行動を正しくし、熱心に勉強し、広く知識を得て、それぞれの社会的役割にふさわしい知識や人間性を備えることだ。そうすれば、政府は政治をしやすくなり、国民は苦しむことがなくなり、お互いに責任を果たすことができる。そうやってこの国の平和と安定を守ることが大切なのだ。私がすすめている学問というものも、ひたすらこれを目的としている。

はしがき

†本書の成り立ち

本編は、私の故郷の中津に学校を開くにあたって、なぜ学問をすべきなのかということを、古くからの友人たちに示そうとして書いたものである。

ある人がこれを見て「この本を中津の人だけに見せるのはもったいないから、広く世間に公表してその益を広げるのがよいのではないか」というすすめがあったので、慶應義塾で印刷して、慶應義塾の同志に見せることにしたのである。

明治四年未《ひつじ》十二月

福澤　諭吉
小幡《おばた》篤次郎《とくじろう》　記
（明治五年二月出版）

第2編

人間の権理とは何か

学問とは何か

†本を読むことだけが学問ではない

学問とは広い言葉で、精神を扱うものもあるし、物質を扱うものもある。修身学や宗教学、哲学などは精神を扱うものである。天文、地理、物理、化学などは物質を扱うものである。いずれもみな知識教養の領域を広くしていって、物事の道理をきちんとつかみ、人としての使命を知ることが目的である。知識教養を広く求めるには、人の話を聞いたり、自分で工夫をしたり、書物を読むことが必要だ。であるから、学問をするためには文字を知ることはもちろん必要だけれども、むかしの人が思っていたように、ただ文字を読むことで学問だと思うのは見当ちがいである。

文字は学問をするための道具にすぎない。たとえば、家を建てるのに、かなづちやのこぎりといった道具がいるのと同じだ。かなづちやのこぎりは建築に必要な道具ではあるけれども、道具の名前を知っているだけで、家の建て方を知らないものは大工とは言えない。これと同じで、文字を読むことを知っているだけで、物事の道理をきちんと知らないものは学者とは言えない。いわゆる「論語読みの論語知らず」というのはこのことである。『古事記』は暗誦しているけれども、いまの米の値段を知らないものは、実生活の学問に弱い人間である。『論語』『孟子』や中国の史書については詳しく知っているけれども、商売のやり方を知らず、きちんと取引きができないものは、現実の経済に弱い人である。何年も苦労し、高い学費を払って西洋の学問を修めたけれども、独立した生活ができないものは、いまの世の中に必要な学問に弱い人間だと言える。こうした人物は、ただの「文字の問屋」と言ってよい。「飯を食う字引」にほかならず、国のためには無用の長物であって、経済を妨げるタダ飯食いと言える。

実生活も学問であって、実際の経済も学問、現実の世の中の流れを察知するのも学問で

ある。和漢洋の本を読むだけで学問ということはできない。

†本書タイトルの意味

この本のタイトルは『学問のすすめ』としたけれども、決して字を読むことのみを勧めているのではない。学問が必要であることの大きな理由を示すため、西洋のいろいろな本から直訳、意訳し、あらゆる学問の中から、一般の人が心得ておくべき事柄を挙げて、学問とは何かを示したものである。一冊目を初編とし、今回第二編を書いた。以降、第三編、第四編と続けていくことになるだろう。

人間は平等である

†現実の状態を権理の平等に持ち込むな

初編の冒頭に「人はみな同じ権理を持ち、生まれによる身分の上下はなく、自由自在にうんぬん」と言った。いまこのことの意味をもう少し詳しく考えてみたい。

人がこの世に生まれるのは、天によるのであって、人の力によるのではない。人々はお互いに尊敬しあい、それぞれがその社会的な役割を果たして、お互いに迷惑をかけることがないとすれば、それはもともとが同類の人間で、同じ天の下に生まれた同じ人類だからである。たとえば、一つの家の中で兄弟が仲良くするのは、もともと同じ家にいて、同じ父と母を持つという大事な人間関係があるからである。

人と人との関係は、本来同等だ。ただし、その同等というのは、現実のあり方が等しいということではなくて、権理が等しいということだ。

現実のあり方を見てみると、貧富や強弱や、知恵がある、愚かであるといった差が非常にはなはだしい。貴族だといって大きな家に住み、美食してぜいたくするものもいれば、力仕事をする労働者として、借家暮らしで今日の食べ物にも困るものもいる。勉強ができて役人となったり、商人となって天下を動かすものもいれば、知恵や判断力もなく、生涯飴や菓子を売るものもいる。強い力士もいれば、弱々しいお姫様もいる。

見た目は雲泥の差だけれども、その人が生まれつき持っている人権に関しては、まったく同等で軽重の差はない。つまり、人権というのは、ひとりひとりの命を重んじて、財産を守り、名誉を大切にするということである。

天がこの世に人を生まれさせるにあたっては、体と心の働きを与えて、この基本的人権を持つものとしたのだから、どんなことがあっても、人間がこれを侵害することはできない。大名の命も、力仕事をする者の命もその重さは同じである。豪商の百万両の金も、お菓子売りの四文の銭も、これを自分の財産として守る気持ちはいっしょである。

世の中の悪いことわざに、「泣く子と地頭には勝てない」とか、また「親と主人は無理をいうもの」というものがある。これらを、人権など侵害してもかまわない、といったニュアンスで使うものがあるけれども、これは現実のあり方と権理をとりちがえた議論である。地頭と百姓とは、現実のあり方はまったく異なるけれども、それぞれが持つ権理は同じである。百姓の身に痛いことは、地頭の身にも痛い。地頭の口に甘いものは、百姓の口にも甘い。痛いものを遠ざけて、甘いものを求めるというのは、人として当然の感情である。他人の迷惑にならないで、自分のやりたいことをやるというのは、その人の当然の権理なのである。

この権理に関しては、地頭も百姓もまったく違いがない。ただ、地頭は金があり、権力を持ち、百姓は貧しくて弱いという違いがあるだけだ。貧富強弱は、現実のあり方であって、みなが同じというわけではない。であるから、金があって社会的権力が強いからといって、社会的弱者へ無理なことをしようとするなら、これは力の差を利用して他人の権理を侵害することになる。

これをたとえていえば、相撲取りが、腕の力があるからといって隣の人の腕をねじり折るのと同じだ。隣の人は、もちろん相撲取りよりは弱いけれども、弱いなりにその腕を使って自分の目的を達して問題なく生きているのに、理由もなく相撲取りに腕を折られたとすれば、迷惑の極みである。

†政府と人民は対等である

この議論を世の中のことに当てはめてみよう。旧幕府の時代には、武士とそれ以外の人間の差別は非常に大きかった。武士はやたらと権威をかさにいばり、百姓や町人をまるで罪人のように扱っていた。「切り捨て御免」などという法さえあった。これでは、平民の命というのは自分のものではなく、借り物にすぎない。

百姓や町人は縁もゆかりもない武士に頭を下げて、外では道を、建物の中では席を譲った。これがひどくなると、百姓は自分の家で飼っている馬にも乗れない、という不便な扱いを受けていた。とんでもないことだ。

いま言ったことは、武士と平民をひとりずつ見た場合の不公平さなのだが、これを政府と人民と関係において見てみるともっとひどいことがある。

幕府をはじめとして、すべての大名の領分にも小さな政府が作られて、百姓や町人を勝手に取り扱った。一見慈悲があるように見えても、実際のところは、人民に本来天から授けられているはずの人権を許すことはなく、ひどい扱いが多かった。

そもそも政府と人民の関係というのは、現実として社会的強者と弱者というような違いがあるだけであって、基本的人権に関してはまったく同等である。百姓は米を作って人を養い、町人は物を売買して世の中の便利の役に立つ。これがすなわち百姓・町人の商売である。

政府は法律をつくり、悪人を罰し、善人を守る。これが政府の「商売」というものだ。この「商売」には莫大な費用がいるけれども、政府には米も金もない。百姓・町人から税金を出してもらって、その財政をまかなおうということで、政府と人民が双方相談を取り決めたのだ。これがすなわち、政府と人民の約束［社会契約］である。

だから、百姓や町人は税金を出して法律を守れば、その社会的責任を果たしているといえる。政府の方は税金を正しく使って、人民を守ればその責任を果たしたといえる。双方が責任を果たして約束を破ることがなければ、言うことはない。それぞれが権理を堂々と主張して、それを妨害する理由など何もない。

ところが、幕府の時代は、政府のことを「御上様《おかみ》」といって、その御上の「御用」というのが、やたらと威光をふりかざした。道中の宿屋でもただ食いし、渡し場でも銭を払わず、荷物運びの労働者にも報酬を与えない。ひどいのにいたっては、御用にかかわる人間が、そうした労働者をゆすって酒代まで取ることさえもあった。無茶苦茶である。

あるいは、殿様の物好きで建築をしたり、役人の勝手で必要もないことをやったりする。無駄に金を使って必要な金が不足したなら、いろいろ理由をつけて年貢を増やし、これを「御国恩に報いる」と言ったりしていた。

そもそも、その「御国恩」というのは何を指して言うのか。百姓や町人が安心して家業を営んで、盗賊や人殺しの心配もなく生活しているのは、政府のおかげ＝「御恩」なのだ、というつもりなのだろう。たしかに、このように安心して生活できるのも、政府の法律があるためだが、法律を作って人民を保護するのは、もともと政府の商売であって当然の責任である。「御恩」などと言うべきではない。政府が人民に対して、人民を保護することを「御恩」とするのならば、百姓・町人の方も政府に対して、その年貢をもって「御恩」と言うのがふさわしい。政府が人民の訴訟を「御上の迷惑」と言うのならば、人民もまた言い返してやればいい。「私たちが作った十俵の米の中から五俵の年貢を取られるのは、大いなる迷惑です」。

しかしこれでは、いわゆる「売り言葉に買い言葉」できりがなくなる。ともかく、お互いに等しく恩というものがあるのなら、どちらか一方が礼を言ってどちらかが言わないというのは、理屈に合わない。

このような悪い社会的慣習というのが起こった由来を調べていくと、その大元は、人間というものが平等の人権を持っているということをきちんと認識せずに、社会的な貧富・強弱というものを盾にとって、強い政府が弱い人民の権理を妨害してきたことにある。だから、人は平等の人権を持っているということを忘れてはいけない。これが人間の世界において最も大切なことである。これを西洋の言葉で「レシプロシチ（reciprocity）＝相互関係」とか「エクウヲリチ（equality）＝平等関係」とか言う。初編のはじめに言っている「人はみな同じ権理を持ち」というのはこのことである。

†政府とわたりあえる人民となれ

このように言うと、百姓や町人に味方して、思うように権理を主張せよ、と言っているように見えるかもしれないが、また別の観点もある。

人を取り扱うにあたっては、その相手によって扱い方も変わってくるものなのだ。人民と政府との間柄は、もともとは同一のものである。ただし、その社会的役割を区別して、政府は人民の代表となって法律を整備して、人民はこの法律を守ろうと約束した。

いま、この明治の日本にいる者は、いまの時代の法律にしたがうと約束をしたのである。ひとたび国の法律と定まったことは、個人のために不便があったとしても、正式な改正の手順を踏まずには、これを変えることはできない。気をつけてこの法律を守るべきである。これは人民の責任である。

しかし、学問がなく、物の道理も知らず、食って寝るしか芸がない人間がいる。無学のくせに欲は深くて、ぬけぬけと人をだまして、法律逃れをする人間がいる。国の法律がどのようなものかということも知らず、自分の仕事の責任というものも果たさず、子どもは生むけれども、その子どもをきちんと教育するというやり方も知らない。いわゆる、恥も法も知らないバカ者である。その子孫が繁栄したとすれば、この国の利益にはならず、かえって害をなすものとなろう。

このようなバカ者は、とても道理をもっては扱えない。不本意ではあるけれども、力でおどし、一時の大きな害をふせぐほかにやり方がないということになってしまう。これが世の中に暴力的な政府がある理由である。わが国の旧幕府だけでなく、アジア諸国はむかしからそうであった。

そうだとすると、ある国の暴力的な政治というのは、暴君やとんでもない官僚のせいばかりではない。その大元は、国民の無知が原因であって、自ら招いたわざわいとも言える。人にけしかけられて暗殺を企てるものがあったり、新法を誤解して一揆を起こすものがあったりする。強訴《ごうそ》を名目として、金持ちの家を襲って酒を飲んで銭を盗むものもある。そのやり口は、人間のやることとは思えないほどにひどい。このような社会的に害のある人間を取り扱うのには、釈迦も孔子も名案がないに決まっている。どうしても厳しい政治を行わざるをえないのだ。

だから、人民がもし暴力的な政治を避けようとするならば、いますぐ学問に志して、自分の才能や人間性を高め、政府と同等の地位にのぼるようにしなければならない。

これが、私のすすめる学問の目的である。

（明治六年十一月出版）

第3編 愛国心のあり方

国同士もまた対等

†国同士にも道理あり

人間と名がつくものであれば、金持ちでも貧乏人でも、社会的強者でも弱者でも、人民でも政府でも権理（これは第二編でもそうだが、英語でいう「ライト（right）」のことである）においては違いがない、というのは、第二編で述べたとおり。

この編では、この考えを押し広げて、国と国との関係について論じよう。

国とは人の集まったもので、日本国は日本人の集まったものであり、イギリスはイギリス人の集まったものである。日本人もイギリス人も同じく、天地の間に生きる人間であるから、お互いにその権理を妨害するという道理はない。一人の人間が一人の人間に向かって危害を加えるのに道理がないなら、二人の人間が二人の人間に向かって危害を加える道理もない。百万人でも一千万人でも同様で、物事の道理を人数の多い少ないで変えてはならない。

いま世界中を見渡してみると、文明が開けているということで、学問も軍備も盛んで、経済的に豊かな強国がある。一方、野蛮で文明も開けておらず、学問も軍備も整備されていないで貧弱な国がある。一般的に、アメリカ、ヨーロッパの諸国は、豊かで強く、アジアとアフリカの諸国は貧しくて弱い。この貧富、強弱は国の現実のあり方であって、もちろん同じというわけにはいかない。なのに、ここで自分の国が豊かで強いからといって、貧しく弱い国に対して無理を加えるとすれば、これは相撲取りがその腕力で、病人の腕をへし折るのと変わらない。それぞれの国が本来持っている権理からいえば、許してはならないことだ。

わが日本でも、今日の状態では、西洋諸国の豊かさ強さにはおよばないところもあるけれども、一国の権理ということでは、少しも違いはない。道理に背いた非道なことをされた場合には、世界中を敵に回しても恐れることはない。初編でも述べたように「日本国中のみなが命を投げ出しても国の威厳を保つ」というのはこの場合のことだ。

それだけではない。貧富・強弱の状態は、あらかじめ決められているものではない。人間が努力するかしないかによって変わるものであって、今日愚かな人も、明日には賢くなるように、かつて豊かで強かった国も、いま貧弱な国となることもある。古今にその例は少なくない。わが日本国民も、いまから学問に志し、しっかりと気力を持って、まずは一身の独立を目指し、それによって一国を豊かに強くすることができれば、西洋人の力などは恐れるに足りない。道理がある相手とは交際し、道理がない相手はこれを打ち払うまでのこと。一身独立して一国独立する、とはこのことを言うのだ。

個人の独立があって、国も独立する

†愛国心とは何か

このように国と国とは同等なのだけれども、国中の人民に独立の気概がないときには、一国が独立する権理を十分に展開することができない。そのわけは、以下の三点である。

第一条。独立の気概がない人間は、国を思う気持ちも浅い。

独立とは、自分の身を自分で支配して、他人に依存する心がないことを言う。自分自身で物事の正しい正しくないを判断して、間違いのない対応ができるものは、他人の知恵に頼らず独立していると言える。自分自身で、頭や体を使って働いて生計を立てているものは、他人の財産に依存せず独立していると言える。

人々にこの独立の気持ちがなく、ただ他人に頼ろうとだけしていると、全国民がみな、人に頼るばかりでそれを引き受ける人がいなくなってしまう。これをたとえていえば、目の不自由な人の行列に、手を引いてくれる人がいないようなものである。非常に不都合なことではないか。

ある人が「民は、ただしたがわせればよいのであって、その道理をわからせる必要はない。世の中はもののわかった人間が千人いて、わかっていない人が千人いるのだから、賢い者が上にいて民を支配して、その意向にしたがわせてしまえばよい」と言っている。孔子様みたいな言い方［『論語』泰伯篇に「民はこれに由らしむべし、これを知らしむべからず」

とある」だが、実はたいへんな間違いだ。一国の中に人を支配するほどの能力・人格を持っているのは千人の内一人にすぎない。

仮にここに人口百万人の国があるとしよう。この内、千人は智者で、九十九万以上は無知の民である。智者の能力や人格で、この民を支配する。民を子どものように愛し、あるいは羊のように養い、あるいはおどし、あるいはいたわる。恩情と威光とが両方とも十分で、きちんと国家の方針を示している。そういう状態であったならば、民も知らず知らずのうちに政府の命令にしたがい、泥棒や人殺しなどの犯罪もなく、国内は安全平穏に治まることがあるかもしれないが、**そもそもこの国の人民は、主人と客の二種類に分かれているのだ。**千人の智者は主人となって好きなようにこの国を支配しており、その他の者は、全員、何も知らないお客さんなのだ。だとすれば、お客さんはお客さんなのだから、もちろん特に何も心配などせず主人に頼りきって、自分で責任を引き受けない。国を憂うことも主人がやるようにはいかないのは必然で、実によそよそしい状態になる。

国内のことならまだいいとして、いったん外国との戦争となった場合、その不都合なことを考えてみたらよい。知恵も力もない国民が、自国を裏切ることはまあないにしても、「われわれはお客さんだからな。命まで捨てるのはさすがにやりすぎだよな」といって逃げてしまう者が多く出るだろう。そうなると、この国の人口は名目上は百万人と言っても、国を守るという段階では、その人数ははなはだ少なく、とても一国の独立など保てない。

以上のような次第なのだから、外国に対してわが国を守ろうとするならば、自由独立の気風を全国に充満させ、国中の人々が、社会的身分の上下を問わず、自分の身に国を引き受けて、賢い者も愚かな者も、物事がよく見通せる者もそうでもない者も、それぞれ国民としての責任を果たさなくてはならない。

イギリス人はイギリスを自分の国と思い、日本人は日本を自分の国だと思う。自分の国の土地は、他国のものではなく、自分の国の人間のものなのだから、自分の国を思うことは自分の家を思うようにして、国のためには財産だけでなく、命を投げ出しても惜しむに足らない。これが、つまり「報国の大義」である。

もちろん、国家の政治を運営するのは政府で、その支配を受けるのは人民なのだが、これはただ便宜的にそれぞれの持ち場を分けているだけの話。一国全体の面目にかかわることとなれば、国民が、国を政府にのみまかせて、これを側で見物しているだけというのでは道理が通らない。

日本の誰、イギリスの誰、といったように肩書きに国の名前がついているのであれば、その国に住み、起きて寝て食べて、といったことは自由にやる権理がある。そしてその権理がある以上、それに対する義務というのがなければならない。

†今川家の滅亡とフランスの独立

むかし戦国時代に、駿河の今川義元が数万の兵を率いて織田信長を攻めたとき、信長は策によって桶狭間で奇襲をかけ、今川の本陣にせまって義元の首をとった。そのとき駿河の軍勢は蜘蛛の子を散らすように戦いもせずに逃げ去って、当時名高かった駿河の今川政府も一日にして、あとかたもなく滅びてしまった。

一方、二、三年前、フランスとプロシアの戦い［普仏戦争（一八七〇）］では、はじめフランス皇帝ナポレオン三世は、プロシアの捕虜になったけれども、フランス人はこれで望みを捨てることなく、ますます発憤して防戦し、骨をさらし血を流し、数か月籠城して、和睦に持ち込んで、フランスはもとのままのフランスを保った。今川義元の例とはまったく違っていて比べようもない。

この違いはどこから来たのか。駿河の民はただ義元ひとりにすがって、自分自身はお客さんのつもりで、駿河の国を自分の国と思う者がいなかったのに対して、フランスでは国を思う者が多く、国難を自分の身に引き受けて、人にどうこう言われるまでもなく自ら自分の国のために戦ったから、このような違いが出たのだ。

以上のように考えるならば、外国に対して自国を守るに当たって、その国の人間に独立の気概がある場合は、国を思う気持ちも深く強くなって、独立の気概がない場合には、その気持ちも浅く弱くなることが容易にわかるだろう。

†日本人の卑屈は日本国の卑屈

第二条。国内で独立した立場を持っていない人間は、国外に向かって外国人に接するときも、独立の権理を主張することができない。

独立の気概がない者は、必ず人に頼ることになる。人に頼る者は、必ずその人を恐れることになる。人を恐れる者は、必ずその人間にへつらうようになる。常に人を恐れ、へつらう者は、だんだんとそれに慣れ、面の皮だけがどんどんと厚くなり、恥じるべきことを恥じず、論じるべきことを論じず、人を見ればただ卑屈になるばかりとなる。いわゆる「習い性となる」というのはこのことで、習慣となってしまったことは容易には改められない。

たとえば、いま日本では、平民にも苗字を許し、馬に乗ることも許し、裁判所の扱いも公平になり、表向きはまず士族と同等ということになったのだが、その習慣はすぐに変わるというわけにもいかず、平民の根性は旧来のままである。言葉も卑屈で、あれこれの応対も卑屈で、目上の人間に対しては一言の理屈も言うことができない。立てと言われれば立ち、踊れと言われれば踊り、その従順なことは、まるでやせっぽっちの飼い犬である。実に無気力の恥知らずと言える。

むかし鎖国の世に、旧幕府のように窮屈な政治をやっていた頃なら、人民が無気力でも、政治に差し支えがないどころか、かえって便がよかった。そのため、わざと人民を無知のままにしておき、むりやり従順にしたてることなどを役人も得意にしていたのだったが、いま外国と交際していく時代になっては、これが大きな弊害となる。

例を挙げれば、田舎の商人が、おそるおそる外国と交易をしようと思って横浜などに出てくれば、まず外国人の体格がたくましいのを見て驚き、金を多く持っているのに驚き、商館が広大なのに驚き、蒸気船のスピードに驚き、すっかり肝をつぶしてしまう。外国商人に近づいて取引をすることになっては、その駆け引きの鋭さに驚き、あるいは無理な理屈を言われることがあれば、ただ驚くだけでなく、その威力に縮み上がって、無理とは知りながら、大損を出す取引をしてしまい、大きな恥を受けることになる。これはただ一人の商人の損にはとどまらない。一国の損である。ただ一人の商人の恥にはとどまらない。一国の恥である。

実にバカバカしい話ではあるけれども、先祖代々、独立の空気を吸ったことのない町人根性は、武士には苦しめられ、裁判所には叱られ、下っ端武士に会っても「お旦那様」とあがめる魂は、腹の底まで腐っており、一朝一夕には洗い流せないのだ。

こんな臆病神の手下のような者が、大胆不敵な外国人に会って度肝をぬかれるのは無理もないこと。これが、国内で独立できない者は、国外に向かっても独立できないということの証拠である。

†権威に弱いものは国をも売る

第三条。独立の気概がない者は、人の権威をかさに着て悪事をなすことがある。

旧幕府の時代には、「名目金」といって、「御三家」などのように権威ある大名の名目を借りて金を貸す、ずいぶん無理な取引があった。たいへん憎むべき行為だ。自分の金を貸して返ってこなかったら、何度でも力を尽くして政府に訴えるべきである。それなのに、政府を恐れて訴えることも知らず、他人の名前を借りて他人の権威で返金をせまるとは、卑怯ではないか。

今日に至っては、さすがに名目金の話は聞かないが、外国人の名目を借りて同じようなことをやっている人間が世間にはいないだろうか。確証がないからここで断定的には論じられないが、むかしのことを思えば、いまの世の中にもそういうことがあるのではないかと、疑念を持たざるをえない。

今後、万が一、外国人に日本国内居住・移動の自由を認めた場合、この名目を借りて悪だくみをする人間が出たら、わが国に大きなわざわいとなるだろう。

だから、独立の気概がない国民は扱いやすくて便利、などと言って油断していてはいけないのだ。わざわいは思いもよらないところで起こるものだ。国民に独立の気概が少なければ、それにしたがって、国が売られる危険もますます大きくなるだろう。「人の権威をかさに着て悪事をなす」とはこのことを言ったのである。

以上、三か条を挙げて言ったのは、すべて国民に独立心がないことによって起こるわざわいである。今の世に生まれて、いやしくも国を愛する気持ちがあるものは、政府、民間を問わず、まず自分自身が独立するようにつとめ、余力があったら、他人の独立を助けるべきだ。父兄は子弟に独立を教え、教師は生徒に独立をすすめ、士農工商みなが独立して、国を守らなければいけない。

要するに、**国民を束縛して、政府がひとり苦労して政治をするよりも、国民を解放して、苦楽を共にした方がいいではないか、ということなのだ。**

（明治六年十二月出版）

第4編　国民の気風が国を作る

学者の責任とは

†「日本の独立」という課題

近頃、ひそかに識者がこういうことを言うのを聞いた。

「今後の日本が栄えていくのか衰えていくのかは、人間の知恵では明確に予想することはできないけれども、結局、国の独立を失ってしまうというようなことにはならないだろうか。いま見ているような勢いでもって進歩していけば、必ず文明が盛大に発展する状態にまで行けるものなのだろうか」。こういう疑問を持つ者がいる。

「日本が独立を保てるかどうかは、あと二、三十年経ってみないとわからないなあ」と疑念を持っている者もいる。

日本を非常に蔑視している外国人の説を信じて、「日本が独立してやっていくのはまず無理だろう」と見ている者もいる。

もちろん、人の話を聞いて、それをそのまま信じて絶望したりすることはないのだけれども、結局のところこれらは、わが国が独立を保てるかどうかについての疑問である。もし、疑いもなく独立が可能であるなら、そもそもこういう問いは出てこない。

いま、試しにイギリスへ行って「イギリスは独立を保っていけますか」と聞いてみたところで、人々は笑って答えないだろう。なぜか。誰もそのことを疑ってなどいないからだ。

とすると、わが日本の文明のようすは、今日の状態を昨日に比べれば、まあ進歩したと言えるのかもしれないが、結局のところ、まだ疑いが完全になくなったわけではない。日本に生まれて日本人の名を持つものなら誰でも、この状況を心配しないではいられないだろう。

いまわれわれも、この国に生まれて日本人の名を持つ以上は、それぞれの役割をしっかりと見極めて、力を尽くさなくてはいけない。もちろん、狭い意味での「政治」をなすのは政府だけれども、世間のあれこれの事業の中には、政府が関係しないものも多い。**一国全体を整備し、充実させていくのは、国民と政府とが両立して、はじめて成功することである。**われわれは国民としての責任を尽くし、政府は政府としての責任を尽くして、お互いに協力しあい、日本全体の独立を維持しなくてはならない。

†国にもバランスが必要

何事であっても、物事を維持しようとすれば、力のバランスというものが必要である。たとえば人体のように。

人体を健康に保とうとすれば、飲み食いをしなくてはいけないし、空気も、光も必要である。暑い寒い、痛いかゆいなどの外部の刺激に対しては、内側から反応して、一個の身体の働きを調和する。

もし、いま急にこの外部からの刺激をなくし、ただ体自身の生命力にまかせてこれを放っておいたりしたら、人体の健康というのは一日ももたないだろう。

国であっても同様。政治というのは、一国の働きである。この働きを調和させて国の独立を保とうとすれば、内側に政府の力、外部には国民の力があって、内外それぞれ反応してその力のバランスをとらなければいけない。政府は内側の生命力のようなもので、国民は外部の刺激のようなものだ。

いま急にその刺激をなくして、ただ政府の働きにまかせて放っておいたならば、国の独立というのは一日ももたないだろう。人体生理の性質をはっきり理解し、その法則が一国の政治を議論することに応用できると知る人であれば、この道理を疑うことはあるまい。

†政府専制の限界

いま、わが国の状態を観察してみて、外国におよばないところを挙げてみると、「学術」「経済」「法律」の三つである。世の中の文明は、ただこの三つに関係しており、この三つがちゃんとしていないと国の独立ができないということは、識者の話を聞くまでもなく明らかである。なのに、いまわが国では、これらのうち一つとして体をなしているものがない。

明治維新のときから、官にある人物たちが力を尽くさなかったわけではない。また、彼らの資質が劣っていたわけでもない。ただ、事をなすにあたって、いかんともしがたい原因があって思うようにいかなかったことが多いのだ。

その原因とは、すなわち国民の無知無学である。

政府はすでにその原因を知って、しきりに学術を振興し、法律作りを進め、新しい商売のやり方を指導している。ある場合には国民に説き、ある場合には政府自らが手本となるなど、ありとあらゆる手段を尽くしているのだが、今日に至るまで効果があがっているようには見えない。政府は依然として専制の政府、国民は依然として無気力な愚民である。

あるいは、わずかに進歩したところがあるだろうが、それとても、かけた労力と金からすると、ほとんど見るべき効果はない。なぜか。やはり、一国の文明は、ただ政府の力のみで発展できるようなものではないからだ。

人は言うかもしれない。

「政府は、この愚民をコントロールするのに、一時的に強引なやり方をとっているだけで、後に知や徳が備わるのを待ってから、文明の領域に入らせようとしているのだ」。

この説は、理屈としてはともかく、実行は不可能である。

わが日本全国の人民は、非常に長い間、専制政治に苦しめられて、それぞれの心に思うことを表現することができなくなっている。人民は政府をごまかし、安全を手に入れ、いつわって罪を逃れようとする。ごまかしの術が人生必須の道具になり、不誠実なことが日常の習慣になっているのに、これを恥じることもなく、疑問を持つ者もいない。「わが身の恥」という感覚は、まったくなくなってしまっている。これでは国を思うなどという余裕などあるはずもない。

政府はこの悪習を改めようと、ますます権威をかさにいばり、おどし、叱りつけ、ムリヤリに人民を「誠実」にしようとしたが、かえって人民を不誠実に導くことになった。まるで火を使って火事を消そうとするようなやり方である。

その結果、政府と人民のあいだはますます離れてしまい、それぞれ独特の気風を持つようになった。その気風とは、英語でいうところの「スピリット（spirit）」であって、これをすぐに変えるということはできない。

最近になって、政府のスタイルはおおいに変わったけれども、その専制抑圧の気風は、いまだにある。国民もやや権理を持ったように見えるけれども、その頑迷で卑屈な気風は依然としてむかしと変わらない。

この気風は形のないもので、一個人、一例を見て即断することではないけれども、気風が現実におよぼす力はたいへん大きい。社会全体の現象に現れるところを見てみれば、これが根拠のない話ではなくて、実際のことであることが明らかにわかるだろう。いま、その一例を挙げてみよう。

†個人をダメにする「気風」

いま官職にひとかどの人物は少なくない。個人的にその話を聞き、その行為を見てみると、おおむねみな度量が大きく気持ちのよい立派な人物で、私としても文句のつけようがないばかりか、その言うことなすことに慕うべきものがあるほどである。また一方では、平民といっても、みながみな無気力無力の愚民というわけではない。一万人に一人くらいは、公明で誠実な良民もいるだろう。

なのに、いまこの立派な人物が、政府に集まって政治をすると、その実際の政策には賛成しかねるものが非常に多く、また、誠実な良民の方も、政府に対してはたちまち卑屈になって、ごまかしを駆使して、役人をあざむいて、しかも恥じるところがない。

この立派な人物にしてこのような政治をし、この民にしてこのように卑しくなるのはなぜか。まるで、一人のうちに二つの人格があるようではないか。個人的には賢いものの、官としては愚か。ひとりひとりのときは賢明だが、集まると暗愚。政府はたくさんの智者を集めて、ひとりの愚人がやるようなことをやっている。おかしいではないか。

つまるところ、その原因は、**「気風」というものに縛られて、人々がそれぞれしっかりと個人としての働きをしてこなかったことによるのではないか。**明治維新以来、政府が、学術・法律・経済などの道を興《おこ》そうとしても効果がなかった、その病の原因はここにあったのだろう。

それなのに「いま一時的に強引な策を採って、国民をコントロールし、その知や徳の進展を待つ」というのは、政府の権威で人に文明を強要するものか、そうでなければ、ごまかしによって人を善に導く策だろう。政府が権威を利用すれば、国民はウソをついてこれに対応するだろう。政府がごまかしをすれば、国民はとりあえず表面だけをつくろってしたがうだろう。これはいい策とはいえない。たとえ、策としては巧妙でも、文明を発展させるに当たってはいいことがない。

だからいうのだ。「一国の文明を発展させるには、ただ政府の力のみに頼ってはならない」と。

†洋学者の役割と弱点

以上のように考えれば、いまわが国の文明を発展させるには、まず、国民の心に染み付いたこのような気風を一掃しなくてはならない。しかし、これは政府の命令でできることではないし、誰か識者が諭してできるものでもない。世の中の人に先立って、自分自身で事業を興し、国民に手本を示す人物が必要なのだ。

いまこの手本となるべき人物を探してみると、農民の中には見当たらない。商人の中にも、和漢の学者の中にも見当たらない。これが期待できるのは、「洋学者」だけである。けれども、この洋学者にも頼れないのが実情だ。近頃この種の人はようやく世の中に増えてきて、横文字を教え、訳書を読み、ひたすらがんばっているようには見えるけれども、ただ文字が読めるだけで、その意味するところを知らないのか、あるいは、意味はわかっているけれども、それを実行に移そうという気がないのか、と疑いを持たざるをえないような者が少なくない。この学者先生たちは、官のことばかり考えて、民間という選択肢を知らないのではないか。政府の中で偉くなることは考えても、政府の外でいろいろやるということを知らないのではないか。

つまるところ、とにかく政府に仕えようとする漢学者の悪い習慣から抜け出せておらず、洋学者の服を着ていながら、中身はまるで漢学者のようなのだ。試しに例を挙げてみよう。

いまの世の洋学者たちは、だいたいみな政府の役人になっており、民間で仕事をしているものは、指折り数えるほどである。官職についているのは、別にそれでうまい汁を吸おうと思っているのではなく、従来教育された考え方が染みこんで、ただ政府ばかりに目がいって、事業というものは政府でなければできない、と思い込み、それによってずっと抱いてきた青雲の志を遂げようとしているのだろう。世に名高い大家の先生といえども、この考えから抜け出してはいない。

このような行為はさげすむべきものかもしれないが、志自体は非難すべきものでもない。志が悪いのではなく、世の中の気風に染まって、自分の卑屈さに気づいていないだけなのだから。名高い、立派な人と言われる人々ですらそうなのである。世の中の多数の人間が、それに倣ってしまうのも無理はない。

勉強中の青年が数冊の本を読めば、すぐさま官への道を目指す。金儲けを志す商人に、いくらかの元手があれば、すぐさま政府関連の商売をしようとする。学校も官許。説教も官許。牧牛も官許。養蚕も官許。民間の事業のうち十に七、八までは官に関係している。

このおかげで世間の人の心は、ますますその習慣に染まっていき、官を慕い、官を頼み、官を恐れ、官にへつらい、ちっとも独立の気概を示そうとするものがない。その醜態は見るに耐えない。

たとえば、いまの新聞や、あちこちで出される政府への書状や意見書などもその一例だ。出版についての条例は、非常に厳しいというわけではないのに、新聞を見れば、政府の機嫌を損ねるようなことには全然触れない。それどころか、政府が何かちょっといいことをやると、大げさにこれをほめる。まるで、遊女が客に媚びているかのようだ。また、その書状、意見書などを見ると、その文章は常に卑屈である。政府をあがめることは神か何かのようで、自分を卑しめることはまるで罪人のようにし、同等の人間世界内での関係ではありえないような、うわべだけの礼儀の文章を書きながら、平然として恥じることもない。

そうした文章を読んで、それを書いた人のことを思えば、まともな人間とは思えない。けれども、いま、この新聞を出版し、政府に意見する者たちは、だいたいみな世の洋学者の仲間なのである。それぞれの個人を見てみれば、遊女というわけでもないし、頭がおかしいわけでもない。なのに、この不誠実なようすがこれほどまでにひどくなるというのは、いまだ世の中に人民の権理を主張する例がなかったからであって、ただ卑屈な気風に支配され、それに染まって、国民の本領を発揮できないからである。

要するに、**日本には政府はあるが、いまだ国民がいない、といってもいいだろう。**

だから言うのだ。国民の気風を一新して、世の中の文明を発展させるためには、いまの洋学者にも頼れない、と。

†民間こそが手本となる

さて、前節で論じたことがそのとおりなら、わが国の文明を発展させて、国の独立を維持するのは、政府の力のみで実現できることではない。また、いまの洋学者たちも頼みにならない。われわれ自身(洋学を志す慶應義塾の同志たち)の使命であって、まず自分自身から事業をはじめ、愚かな国民の手本となるだけでなく、彼ら洋学者たちの先を行って、その向かうべき方向を示さなくてはならない。

いま、われわれの社会的地位を考えてみると、その学識はもちろん浅いのだが、西洋の学問に志して久しいのだから、この国の中では中以上のレベルにあるだろう。近頃の世の中の改革も、われわれが主となってはじめたことか、そうでなければ、それを陰で助けたものである。もしくは、助けたわけではなくても、その改革はわれわれの望むところなのだから、世の中の人たちがわれわれを改革者の仲間と考えることは確実である。

われわれには、すでに改革者の名があり、社会的地位も中以上のレベルなのだ。世間の人は、われわれのやることを見て手本とするものもあるだろう。であるならば、いま、人に先立って事をなすのは、まさにわれわれの使命というべきだ。

そもそも事をなすにあたっては、命令するより諭した方がよく、諭すよりも自ら実際の手本を見せる方がよい。一方、政府はといえば、ただ命令する力があるだけなのである。諭したり、手本を示したりというのは、民間でやることである。

だから、われわれが、まずしっかりと自分たちの立場に立ち、学術を教え、経済活動に従事し、法律を論じ、本を書き、新聞を出すなどして、国民の分を越えないことであれば、遠慮なくこれらを行い、法律をかたく守って正しく事に対処する。また、国の命令がきちんと実行されず、そのために被害をこうむったならば、自分の立場をおとしめることなくこれを論じて、政府に鋭い批判をする。古い習慣を打ち破って、国民の権理を回復させることが、いま現在、至急の要務なのだ。

もちろん、民間の事業というのはさまざまで、さらにこれを行う人にもそれぞれの適性があるのだから、わずか数人の学者ですべてのことができるわけではないのだが、われわれが目的としているのは、物事が上手くやれるということを示すことにあるのではない。ただ、世の中の人間に、官に頼らないあり方を知らせようとしているのである。

百回の説明も、一回実例を示すのにはおよばない。いま、自分から官に頼らない実例を見せて、「世の中の事業は、ただ政府のみの仕事ではない。学者は学者として、官に頼らず事業をなすべし。町人は町人で、官に頼らず事業をなすべし。政府も日本の政府であり、国民も日本の国民である。政府を恐れてはいけない、近づいていくべきである。政府を疑うのではなく、親しんでいかなければならない」という趣旨を知らしめれば、国民もようやく向かっていくところがはっきりし、上はいばり、下は卑屈になるという気風も次第に消滅して、はじめて本当の日本国民が生まれるだろう。それは、政府のおもちゃではなく、政府に対する刺激となる。学術、経済、法律の三つも自然と国民のものになり、国民の力と政府の力のバランスが保たれる。そうすることによって、日本全国の独立を維持すべきなのだ。

以上で論じたことは、要するに、今の世の中の学者が、日本の独立を助けようと思った場合、政府の所属となって官として事業を行うのと、政府の所属から離れて官に頼らずやっていくことのメリット・デメリットを比較したものだ。そして、本論は官に頼らないやり方を支持する。

世の中のものはすべて、精確に観察してみれば、利にならないものには必ず害がある。

得にならないものは必ず損になる。メリット・デメリットが相半ばするものは存在しない。

われわれは何か他意があって「官に頼るな」と言っているわけではない。ただ、普段考えていることをはっきりさせて、これを論じただけのこと。もし、われわれの論を破って、官に頼らないことのデメリットを確証を挙げて述べる人がいれば、われわれは喜んでその議論を受け入れ、世の中を害することはないと思う。

†質疑応答

この編について、二、三の問答があったので、それを末尾に記しておく。

その一。

「事業を行うには、力のある政府に頼る方が便利である」。

お答えしよう。文明を発展させるには、ただ政府の力にだけ頼ってはいけない。これはすでに本文ではっきり言っておいた。かつ、政府で事業をなすというのは、すでに数年やってみたけれども、その効果はまだ見えない。民間主導のやり方で果たして効果があるかどうかはわからないけれども、理屈の上では明らかに見込みがあるのだから、やってみないという手はないだろう。やってみてもいないうちから、その成否を疑うものは勇者とはいえない。

その二。

「政府は人材に乏しい。この上、有力な人物が政府を離れたら、官の仕事に差し支えがでるだろう」。

お答えしよう。決してそうではない。むしろ、いまの政府は人数が多いことに困っているのだ。事業をシンプルにし、人数を減らせば、その仕事はきちんと整頓される。その人材は民間の仕事にまわる。一挙両得だ。ことさらに政府の仕事を多くし、有用な人材を採用して無用な仕事をさせるのは、つたないやり方である。また、有能な人材が政府を去るといっても、外国にいくわけではないのだ。日本にいて日本の仕事をやるのだから、何も心配することはない。

その三。

「政府の外に人材が集まることがあれば、自然と第二の政府のようなものになって、本来の政府の力を落とすことになるだろう」。

お答えしよう。これはつまらぬ人間の論である。民間にある人も、官にある人も、同じ日本人である。ただ、事業をなすのに地位が異なっているだけである。内実としては、お互いに助け合って、共に日本全国の便利をはかっているのだから、敵同士ではない。真にためになる友である。また、この民間人が法律に違反したら、政府はこれを罰してかまわないのだ。まったく恐れることはない。

その四。

「民間でやろうとする人物がいても、官の世界から離れればほかに生活の道がない」。お答えしよう。これは立派な人間が言うことではない。すでに自分で学者と称して、世の中のことを考えているものが、なぜ何の技能も持たないことがあるだろうか。何かの技能があれば、それで生活するのは難しいことではない。また、官にあって公務につくのも、民間で事業をするのも、その難易度が違ってくるなどという理屈はない。

もし、官の事務が簡単で、民間の事業よりも利益が多いことがあれば、その利益というのは、実際の働きに対して多すぎるというべきである。働き以上の利益をむさぼるのは、君子のやることではない。

能力も技能もないのに、運がいいだけで官の仕事について、みだりに給料をむさぼって、ぜいたくをし、それでいて、軽い気持ちで天下国家を語っているような者は、われわれの仲間ではない。

（明治七年一月出版）

第5編　国をリードする人材とは

†前編と本編はやや読みにくいかもしれないが、よろしく

この『学問のすすめ』という本は、もともと民間の読み物、あるいは小学校で使う本として書いたものなので、初編から第二編、第三編のあたりまでは、なるべく簡単な言葉を使い、文章を読みやすくすることを中心に考えていたが、第四編となって、少し文体を変え、難しい言葉を使ったところもある。

また、この第五編も、明治七年一月一日、慶應義塾の会合のときに述べた言葉を文章にしたものなので、その文体も第四編と変わらず、理解しにくくなっている可能性もある。

要するに、第四編、第五編の二編は学者を相手にして書いた論なので、こういう書き方になった。世の中の学者はたいてい腰抜けで、気力の面ではふがいないが、言葉を理解す

る能力はなかなかしっかりしていて、どんな難解な文章でも困る者はいない。そこで、この二編では遠慮なく文章を難しくし、意味も自然と高尚になった。このため、そもそも民間での読み物であるべき『学問のすすめ』の趣旨を失ったのは、初心の人たちに対してたいへん気の毒ではあるけれども、第六編以降はまたもとの体裁に戻り、わかりやすさを第一として初心者向けにし、難しい表現は使わない予定である。なので、この第四編・第五編だけを見て、全体の難易を評価しないよう、読者にはお願いする。

明治七年一月一日の挨拶

†明治日本の状況

われわれは、いま慶應義塾にあって、この明治七年一月一日を迎えた。

この明治という年号は、わが国が独立した年号である。この塾はわれわれ同志の独立の塾である。独立の塾にいて、独立の新年を迎えることができるとは、たいへん喜ばしいことではないか。ただ、これを得て喜ぶべきものであるということは、失えば悲しいものでもあるということだ。だから、今日の喜びのときにも、他日悲しむことがあることを忘れてはいけない。

古来、わが国の治乱の移り変わりにより、政府はしばしば形を変えたけれども、今日に至るまで国の独立を失わなかった理由は、国民が鎖国の風習に安んじて、治まりや乱れ、繁栄や衰亡といっても、外国との関係でそうなったことがなかったからである。

外国と関係しなければ、治まっているというのも一国内だけのこと。乱れているといっても一国内だけのこと。また、この治乱を通してずっと失うことがなかった「独立」というのも、ただ一国内の独立であって、いまだ外国に対して戦って維持しているものではない。たとえていえば、家の中で育てられた子どもが、まだ他人と接したことがないようなものだ。その薄弱なることは、もちろんである。

いまや、外国との交際が突然開けてきた。国内の仕事でも、一つとして外と関係のないものはない。すべてのもの、すべてのことをみな外国と比較して対処していかなくてはならないという状況になった。古来から日本人がわずかに培ってきた文明のあり方を、西洋諸国のあり方と比較すれば、はるかにおよばないどころか、まねしようとしてもおよびがたい力の差を嘆くしかない。わが国の独立が、薄弱なことをますます感じるのだ。

†文明の形と精神の反比例

国の文明は形のあるもので評価してはならない。学校とか、工業とか、陸軍とか、海軍とかいうのも、これらはすべて文明の形である。これらの形を作るのは難しくはない。金を出せば買えるのだから。

ただ、ここに形のないものが一つある。これは、目で見えない、耳に聞こえない、売り買いもできない、貸し借りもできない。しかし、国民の間にまんべんなく存在して、その作用はたいへん強い。これがなければ、学校その他の形あるものも、実際の役には立たない。真に「文明の精神」と呼ぶべき最も偉大で、最も重要なものなのだ。

では、そのものとは何なのだろうか？「人民独立の気概」である。

近頃、政府は学校を建て、工業を興し、海陸軍の制度も一新し、文明の形はほぼ備わったけれども、国民は、いまだ外国に対して自分たちの独立を強固なものとして、外国と競い合おうとしない。競おうとしないだけではない。たまたま外国の事情を知る機会を得た人も、これを詳しく研究もせず、ただ恐れているだけ。相手についてすでに恐怖心を抱いているようでは、たとえ、自分では何か得るところがあったとしても、相手に対しては何もできないもの。つまるところ、人民に独立の気概がなければ、文明の形も結局無用の長物となる。

そもそもわが国の人民が無気力な原因を追究してみると、非常に長い間、全国の権力を政府が一手に握って、軍備や学問から、工業、商売に至るまで、世の中のどんな瑣末な仕事であっても、政府のかかわらないものはなかったことによる。人民は、ただ政府の命じるところに向かって奔走するだけだったのだ。

国はまるで政府の私物であって、人民はその国の食客のようなものだった。すでに本来の宿を持たない食客となって、かろうじてこの国で寄食することができているようなものなので、国といっても仮の宿のように考え、深く切実に思うことがなく、またその気力を表す機会も持たないことになる。それがこのような日本の気風を育ててしまったのだ。

それだけではない。今日に至っては、これよりさらにはなはだしい問題がある。

およそ世の中の物事は、進歩しない者は必ず退歩する。退歩しない者は、必ず進歩する。進歩も退歩もなく、そのままのところに留まる者はありえないのが理屈である。いま日本のようすを見ると、形としての文明は進歩しているように見えるけれども、文明の精神である人民の気概は、日に日に退歩している。

しばらくこれについて論じさせてもらおう。

むかし、室町幕府・徳川幕府においては、民を支配するのにただ力だけを使った。人民が政府に服従するのは力が足りなかったからである。力が足りない民は心服しているわけではなく、政府を恐れて形だけ服従していたのである。

いまの政府は、ただ力があるだけではない。その知恵はたいへんに敏捷で、いままで時機におくれた対応をしたことはない。明治維新の後、まだ十年も経っていないのに、学校、軍隊の改革があった。鉄道・電信の敷設があった。その他、石やレンガ造りの洋式建築を作り、鉄橋を架けるなど、その決断の早いことと、成功の見事さときたら、実に人を驚かすに足るものである。

ところで、この学校・軍隊は、政府の学校・軍隊である。鉄道・電信も政府の鉄道・電信である。洋式建築や鉄橋も政府の建築や鉄橋である。人民はこれをみてどう思うだろうか。人はみな言うだろう。「政府はただ力があるだけではない。その上に知恵まである。われわれの遠くおよぶところでない。政府は雲の上で国を支配し、われわれは下にいてこれに頼るだけだ。国のことをあれこれ考えるのは、政府の仕事で、われわれ下々のかかわることでない」と。

要するに、むかしの政府は力を用い、いまの政府は力と智とを用いている。むかしの政府は民を支配する手段に乏しかったが、いまの政府はその手段をたくさん持っている。むかしの政府は民の力をくじいたが、いまの政府はその心を奪っている。むかしの政府は民の外面を支配していたが、いまの政府はその内面までを支配している。むかしの民は、政府を鬼のように思っていたが、いまの民は政府を神のように思っている。むかしの民は政府を恐れていたが、いまの民は政府を拝んでいる。

このままの勢いで、国の行くべき方向を改めないならば、政府が何か事業をやることによって、文明の形だけは次第に備わっていくように見えるけれども、人民はますます気力を失い、文明の精神の方は次第に衰えていくだけだろう。

いま政府には常備軍がある。人民はこれを認めて国を守ってくれる軍隊と考え、それが充実しているのを祝して意気揚々としているのが本当であるのに、実際はこの軍隊を人民に対する脅威として恐れているばかりである。いま政府に学校と鉄道がある。本来ならば、人民はこれを一国の文明のしるしとして誇るべきであるのに、むしろこれを政府のお陰とし、頼る心がますます強くなるばかりである。

人民は、すでに自国の政府に対して萎縮し恐れている。これでどうやって外国と競っていくことができるだろう。だから言うのだ、「人民に独立の気概がなければ、文明の形だけを作ったところで、無用の長物となるばかりか、かえって人民の心を萎縮させる道具になってしまうだろう」と。

†中産階級の役割

以上に論じたところから考えれば、国の文明というのは、上の方、政府から起こるべきものではなく、下の方、人民から生まれるものでもない。必ずその中間から興って、庶民に向かうべきところを示し、政府と並び立ってはじめて成功を期待すべきものなのだ。

西洋諸国の歴史書を見て考えてみると、商売や工業のやり方で、政府が発明したものなど一つもない。元は中くらいの地位にある学者が工夫したものばかりである。蒸気機関はワット（一七三六—一八一九）の発明である。鉄道はスチーブンソン（一七八一—一八四八）の工夫である。はじめて経済の法則を論じ、商売の法を一変させたのはアダム・スミス（一七二三—九〇）の功績である。これらの大家たちは、いわゆる「ミッヅル・カラッス

(middle-class) =中産階級」の人で、国の大臣ではないし、また下層の労働者でもない。まさに国民の中くらいに位置して、知力で世の中を指揮した人たちである。

工夫や発明が個人の心に浮かんだら、これを公にして実施するには、民間の有志が団結して組織を作って、その事業をますます盛大にする。それによって、計り知れない幸福を後世の人民に残すのだ。この間、政府の義務は、もっぱらその事業を妨げずに適宜行われるようにし、人心の向かうところを察して、これを保護するだけである。**文明を行うのは、民間の人民であり、それを保護するのが政府である。**

これで一国の人民は、まるで自分自身がその文明の所有者であるかのように考え、互いに競い合い、互いにうらやみ、互いに誇り、自分の国に何かほめるべきことがあれば全国の人民が手を打って賞讃し、もっぱら他国に先を越されるのを恐れる。したがって、文明の事物は、みな人民の気力を増す道具となって、どんなものであっても、国の独立を助けないものはない。その事情は、わが国のありさまとまさに正反対である。

†学問をやる者の使命

いまわが国において、「中産階級」にいて、文明を率先して唱えて国の独立を維持すべき者としては、唯一学者たちがあるだけだが、この学者というものが、時勢についてちゃんとした眼を持っていないためか、あるいは、国を憂えるのが自分の身を心配するほど切実でないためか、あるいは世間の気風に染まって、ひたすら政府に頼って事をなそうと考えているのか、みなおおむね、その地位にいることに満足せず、官になり、瑣末な事務に奔走して、むだに心身を疲れさせている。とてもバカバカしいことに思えるが、自分たちはそれで満足しているし、まわりもまたそれを不審に思わない。

ひどいのになると、「野に遺賢なし（民間にはろくな人材が残っていない）」などといってこの状況を喜んでいる。これはもちろん、いまの世がそうさせているので、それぞれの個人の罪とはいえないけれども、国の文明にとっては一大災難である。

文明を育てる立場にある学者として、その文明の精神が日に日に衰えているのをただ傍観しているのみで、これを真剣に心配する者がないのは、実に嘆かわしいことであり、非常に残念なことだ。

しかし、唯一わが慶應義塾の仲間のみは、この災難を免れて、数年来独立の名を失わず、独立の塾にいて独立の気を養い、その目指すところといえば、全国の独立を維持することただ一つである。

とはいっても、時勢が世の中を制することといったら、急流や台風のようだ。この勢いに対抗してしっかりと立っているのは、もちろん容易なことではない。強い勇気がなければ、知らず知らずのうちに、流され、なびかされ、ややもするとその足をも失う恐れがあるだろう。

そもそも、勇気というものは、ただ読書して得られるものではない。読書は学問の技術であって、学問は物事をなすための技術にすぎない。実地で事に当たる経験を持たなければ、勇気は決して生まれない。

わが慶應義塾で、すでに技術としての学問をマスターしたものは、貧乏や苦労に耐えて、そこで得たものを実際の文明の事業で実行しなければならない。実行すべき分野は数え切れない。商売にはつとめなくてはならない。法律は論じなければならない。工業は興さなければならない。農業は勧めなければならない。著述、翻訳、新聞の発行、およそ、文明の事業は、ことごとくわが手に収めて、国民の先を行き、政府と助け合い、官の力と民間の力のバランスをとり、一国全体の力を増す。この力の薄弱な独立を、不動の基礎を持った独立へと移し変え、外国と争っても少しも譲ることはない。

そうして、今から数十年後の新年を迎えて現在のようすを振り返ってみたとき、今日の独立のようすを評価して喜ばず、むしろその程度の低さを哀れむようであれば、これはなんと愉快なことではないか。

学者は、その方針をしっかり定めて、覚悟を決めて臨まねばならない。

(明治七年一月出版)

第6編　文明社会と法の精神

国法は尊い

†国法はなぜ必要か

政府は国民の代理であって、国民の思うところにしたがって物事を行うものである。その仕事は、犯罪者を取り締まり、罪のない人間を保護することより他にはない。これがすなわち国民の思うところであり、この趣旨が達成されれば、国内はうまく治まる。

そもそも犯罪者というのは悪人である。罪のない人間というのは善人である。いま、悪人がやって来て善人を害しようとすることがあれば、善人自らこれを防ぎ、その父母や妻子を殺そうとするものがあれば、これを捕えて殺し、財産を盗もうとするものがあれば、これを捕えて鞭打って差し支えないのは道理である。しかし、一人の力で多数の悪人を相手にし、防ごうとするのは、とても不可能である。なんとか対処できたとしても、それには莫大なコストがかかって採算が合わない。

そこで上述のように、国民全員の代表として政府を立てて、善人保護の仕事をさせ、その代わりとして役人の給料はもちろん、政府が必要とする諸々の費用をすべて国民よりまかなう、と約束したのである。また、政府はすでに国民全員の代表として物事をなす権理を得たのだから、政府のすることはすなわち国民のすることであって、国民は必ず政府の法にしたがわなければならない。これもまた国民と政府との約束である。

したがって、国民が政府にしたがうのは、政府が作った法にしたがうのではなく、自分たちが作った法にしたがうということなのだ。国民が法を破るのは、政府が作った法を破るのではなく、自分たちが作った法を破るということなのだ。その法を破って刑罰を受けるのは、政府に罰せられたのではなく、自分たちで定めた法によって罰せられたのだ。

この趣旨をたとえていうならば、国民というものは、一人で二人分の役割をつとめているようなものである。**一つめの役目は、自分の代理として政府を立てて、国内の悪人を取**

り締まって、善人を保護することである。二つめの役目は、政府との約束を固く守って、その法にしたがって保護を受けることである。

右のように、国民は政府と約束して法を作る権力を政府に与えたのだから、決してこの約束を破って法に背いてはいけない。

人を殺すものを捕えて死刑にするのも政府の権力による。盗賊を捕まえて刑務所に入れるのも政府の権力による。訴訟を裁くのも政府の権力による。乱暴や喧嘩を取り締まるのも政府の権力による。これらのことについて、国民は少しも手を出してはならない。

もし心得ちがいをして、自分で勝手に犯罪者を殺し、あるいは盗賊を捕えてこれを鞭打ったりすれば、国の法を犯して、勝手に他人の罪を裁いたことになる。これを「私裁」という。許されないことである。

これに関しては、文明諸国の法律は非常に厳格である。いわゆる、「威ありて猛《たけ》からざる（威厳はあるが荒々しくはない）」というものか。わが日本では、政府の権威は盛んであるように見えるけれども、人民はただ政府が尊いと思っていて、法律が尊いことを知らない者がある。なので、以下、「私裁」がよくない理由と、国法が尊い理由を記しておくこととする。

たとえば、わが家に強盗が入ってきて、家内の者をおどし、金品を奪おうとすることがあるとする。このとき、家の主人がやるべきことは、事の次第を政府に訴え、政府の処置を待つことなのだが、火急の事で訴えている余裕などはなく、あれこれしているうちに強盗は土蔵へ入って金を持ち出そうとしているようす。これを止めようとすれば、主人自身の命も危ない状況なので、やむをえず家中で申し合わせて、自分たちでこれを防いで、まずは当面の処置としてこの強盗を捕え置いておいて、その後に政府に訴え出るのである。

この強盗を捕えるには、あるときは棒を使い、あるときは刃物を使い、あるときは強盗の身を傷つけることもあるだろう。その足を折ることもあるだろう。ことが急な場合には、銃で撃ち殺すこともあるだろうが、結局主人たる者は、自分の生命と財産を守るために一時の処置をしたのであって、決して賊の無礼をとがめ、その罪を罰したわけではない。

罪人を罰するのは、政府に限って許された権力なのだ。自分勝手にやっていい仕事ではない。したがって、自分の力でこの強盗を取り押さえた以上は、一市民としてこれを殺したり殴ったりしてはならないのはもちろん、その身に指一本を加えることも許されない。ただ、政府に報告して、政府の裁判を待つだけである。もしも、賊を取り押さえた上に、怒りにまかせてこれを殺したり、殴ったりした場合、その罪は罪のない人間を殺したり殴ったりするのと変わらない。

たとえば、ある国の法律に「十円を盗む者は、鞭打ち百回に処す。また足で人の顔を蹴るものも鞭打ち百回の刑に処す」とあるとする。ここで盗賊がいて、人の家に侵入し、十円を盗って出ていこうとしたとき、主人に取り押さえられるとする。その際に、主人が怒りにまかせてすでに縛られている賊の顔を蹴る、ということもあるだろう。そのとき、その国の法律でこれを裁けば、盗賊は十円を盗んだ罪で鞭百回の刑を受け、主人もまた市民の身で勝手に盗賊の罪を裁きその顔を蹴った罪で百回の鞭を受けることになるだろう。

国法の厳格なことは以上のようなものである。人々はこれを畏怖しなければならない。

†「忠臣蔵」の間違い

以上の理屈で考えれば、敵討ちがよくないことも了解されるであろう。わが親を殺したものは、言い換えればその国で人をひとり殺した公の罪人である。この罪人を捕えて刑に処するのは、政府に限って許された仕事であって、一市民が関係するものではない。殺された者の子だからといって、政府に代わって自分でこの公の罪人を殺す道理があるだろうか。さしでがましい行動というだけでなく、国民の仕事について考え違いをし、政府との約束に背くものというべきだ。

もし、このことについて政府の処置がよくなくて罪人に有利になるようなことがあれば、政府にその筋の通らないところを訴えるのが唯一のやり方だ。どんな事情があるにしても、決して自ら手を出してはいけない。たとえ、親の敵が目の前でうろついていても、自分勝手にこれを殺す道理はない。

むかし、徳川時代に、浅野家の家来が、主人の敵討ちだといって吉良上野介《きらこうずけのすけ》を殺したことがある。世にこれを、「赤穂の義士」と称した。大間違いである。

この時の日本政府は、徳川幕府である。浅野内匠頭《あさのたくみのかみ》も吉良上野介も浅野家の家来も、みな日本の国民であって、「政府の法にしたがって、その保護を受ける」と約束したものである。それを一時の間違いで、上野介が内匠頭に無礼な態度をとったところ、内匠頭はこれを政府に訴えることも知らず、怒りにまかせて自分で上野介を斬《き》ろうとして、ついに両者の喧嘩となった。

徳川政府の裁判では、内匠頭へは切腹を申しつけ、上野介へは刑を加えなかったが、これは実に不正な裁判であった。だが、浅野家の家来たちは、この裁判を不正だと思ったら、なぜそれを政府に訴えなかったのか。四十七士の面々が申し合わせて、それぞれその筋を通して、法の手順にしたがって政府に訴えれば、もちろん、ひどい政府ではあるから、最初はその訴訟を取り上げず、あるいは訴えた人間を捕えてこれを殺すことがあるかもしれない。

しかし、たとえ一人が殺されたとしても、これを恐れることなく、また次の人間が代わって訴え出て、殺されるたびにまた訴え、四十七人の家来が道理を通して訴えて、命を失い尽くすに至っては、いかにひどい政府でも最後には、必ずその道理に屈して、上野介にも刑を加えて裁判を正しくすることだろう。そうあってこそ、はじめて真の「義士」と称すべきであるのに、この道理を知らず、国民でありながらも国法の重大さを顧みることもなく、勝手に上野介を殺したのは、国民の仕事について考え違いをし、政府の権限を犯して、自分勝手に他人の罪を裁いたものというべきだ。

さいわい、その時は徳川政府がこの乱暴人たちを刑に処したので、無事に治まったけれども、もしもこれを許していたとしたら、吉良家の一族は、必ず、また敵討ちといって赤穂の家来を殺していただろう。そのときは、浅野の家来の一族は、また敵討ちといって吉良の一族に攻撃を加えるだろう。敵討ち、敵討ちで果てしなく、最後に双方の一族が死に尽くすまで終わりがない。いわゆる無政、無法の世の中とはこのことだろう。

「私裁」が国を害するのは、このようなものだ。そのようなことはやってはいけないのである。

むかしは、日本で百姓や町人たちが武士に対して無礼なことをすれば、そのまま切って捨ててかまわない（「切り捨て御免」）、という法があった。これは政府が、公に「私裁」を認めたものである。けしからんことだ。

一国の法は、すべてただ政府ひとりが施行すべきものであって、その法が出るところが多ければ、それにしたがってその権力もますます弱くなるのだ。徳川時代のような封建の世の中で、三百の諸侯それぞれに人民を生かす殺すの権力があったときは、法の力もそれに比例して弱かったはずである。

†暗殺は最低の行為

「私裁」のうちで最も極端で、政治を最も害するのは暗殺である。

古来からの暗殺の例を見てみると、私怨で行う者もいるし、金のためにやった者もいる。この類の暗殺をする者は、もちろん罪を犯す覚悟があって、自分でも罪人のつもりなのだが、暗殺にはまた別の種類のものがある。

この暗殺は、自分のために行うのではなく、いわゆる「ポリチカル・エネミ（political enemy）＝政敵」を憎んでこれを殺すものである。世の中のことについて、それぞれの見解が違い、自分の見解で他人の罪を決め、政府の権限を犯して好き勝手に人を殺し、それを恥じないだけではなく、かえって得意になって、自ら「天誅《てんちゅう》を行う」という。さらに、それを国に報いる人間だ、と言ってほめる者もいる。

だいたい「天誅」とは何事か。天に代わって誅罰を加える、とでもいうつもりなのか。もしそのつもりなら、まずは自分の立場を考えてみたらどうだ。この国にいて、政府に対して、どんな約束をしたのか。「国の法を必ず守ることで、この身の保護を受ける」と約束したのではなかったか。

もし、国の政治について不平なところを見つけ、国を害する人物がいると思ったならば、騒がずにこれを政府に訴えるべきであるのに、その政府を差し置いて、天に代わって自ら事をなすなどというのは、商売ちがいもはなはだしい。

結局、この類の人間は、性質は律儀であっても、物事の道理はわかっておらず、国を憂えることは知っていても、どのように憂えていいのかがわかっていない者である。

古今の世界に、暗殺でうまく事をなし、社会の幸福を増やした例などないのだ。

†不便な法に対しては……

国の法律が尊いことを知らない者は、ただ政府の役人を恐れ、役人の前でうまくやって、表向き犯罪とされなければ、実際は犯罪にあたることをやっていても、これを恥じない。いや、それを恥じないだけではない。法律の抜け道を探して罪を逃れる者がいれば、かえってうまくやっているということで、よい評判を得ることさえある。

いま、世間日常の話として「たしかにこれも御上の大法、あれも政府の表向きのルールだけれども、事を行うのにひそかにこのように取り計らえば、表向きの大法には差し支えなくうまくやれるのだ。これは公然の秘密」などといって談笑してもとがめる者はいない。それどころかひどいのになると、小役人と相談した上で、この内緒事を取り計らって、共にうまくやって、罪がないもののようにしている。

実は、その大法というやつがあまりに煩雑で、実際には実施できないので、このような内緒事が行われるようになったという事情もあるのだが、一国の政治の事を考えると、これは最も恐るべき悪習である。

このように国法を軽蔑する習慣に慣れ、人民がみな不誠実になると、守ると都合のよい法をも守らないで、最後には罪をこうむることもある。

たとえばいま、道路で小便をするのは、政府が禁じている。しかし、人民はこの禁止令が尊いことを知らないで、ただ警官を恐れているだけである。日暮れなど、警官がいないのを見計らって法を破ろうとし、見つかってしまうことがあれば、その罪に服すとはいえ、本人の心の中では、尊い国法を破ったから罰せられたのだ、とは思わず、ただおそろしい警官に会ってしまったことが今日の不幸だった、と思うだけなのだ。実に嘆かわしいことである。

したがって、政府が法を作るにあたっては、なるべく簡単にするのがよい。すでに法が定まった以上は、必ず厳格にそのねらいを実現しなくてはならない。人民は政府の定めた法律を見て不都合だと思うことがあれば、遠慮なくこれを論じて訴えるべきである。すでにその法を認めて、その法の下にあるときには、その法についてあれこれ勝手に判断せずに、つつしんでこれを守らなければならない。

最近では、先月、わが慶應義塾にもこういう事件があった。

華族の太田資美《すけよし》君が、一昨年より私財を投じてアメリカ人を雇い、慶應義塾の教員としたのだが、このたび交代の時期になったので別のアメリカ人を雇おうとして、当人と内約した上で太田氏は東京府に書面を提出し、このアメリカ人を慶應義塾の文学・科学の教師にしたいとの出願をした。

ところが、文部省の規則に、「私財で私立学校の教師を雇って、民間で教育を行う場合でも、本国で学科卒業の免状を持つ教師以外は雇ってはならない」という箇条があった。しかし、雇い入れようとしたアメリカ人はその免状を持っていなかったので、ただの語学の教師というならともかく、文学・科学の教師としての出願は許可できない、と東京府から太田氏への通知があった。

なので、私から東京府へ手紙を出し、「この教師は免状は持ってはいないが、その学力はわが塾の生徒を教えるには十分だから、太田氏の申請どおりに命じていただきたい。もしかすると、『語学の教師として』とごまかしの申請をすれば、許可は下りるかもしれないが、わが生徒は、この教師から文学・科学を学ぶつもりなのだから、語学と偽り官を欺くことはあえていたしません」と出願したが、文部省の規則は変えられないから、ということで、私の手紙もまた返ってきた。そのため、すでに内約を得ていた教師を雇い入れることができなかった。去年十二月下旬、本人はアメリカに帰り、太田君の希望も水の泡となり、数百の生徒の望みもなくなった。一私塾の不幸というだけではなく、日本の学問のためにも大きな障害となって、バカバカしく、また苦々しいことではあるが、国法が尊いことはいかんともしがたく、いずれ近日中にまた重ねて出願するつもりである。

今回の一条については、太田氏をはじめとして慶應の人間が集まって、内輪では、「かの文部省が定めた私立学校の教師規則も、まあ、タテマエの法なのだから、ただ、文学・科学の文字を消して、語学の二字に改めれば、出願も許可され、生徒にもたいへんよいことだろう」と再三相談したが、結局のところ、「今回、教師を得られずに、わが塾生の学業が退歩することがあっても、官を欺くのは君子の恥である。つつしんで法を守って国民としての分を間違えない方がよいだろう」といって、このような結果になった。

以上は、一私塾の話で、瑣末なことのようだけれども、議論の趣旨は世の中一般の教えにもかかわることだと思って、ついでながら、この編の最後に記しておくことにした。

（明治七年二月出版）

第7編　国民の二つの役目

国民の義務

†二つの役目

第六編では、国法が尊いことを論じ、「国民というものは、一人で二人分の役割をつとめているものだ」といった。いま、またこの役目と義務について、以下、さらに詳しい説明をして、その補いとしたい。

およそ、国民というものは、一つの身で二つの役目がある。一つめの役目は、政府の下に立つひとりの民というところから見たものだ。すなわち客の立場だ。

二つめの役目は、国中の人民が申し合わせて、「国」という名の会社を作り、会社の法を決めてこれを実施することである。すなわち主人の立場だ。

たとえば、ここに百人の町人がいて、なんとかという会社を作り、みなで相談の上、会社の法を決め、これを実施するところを見れば、この百人はその会社の主人である。いったん法を決めて、会社の人間がみなそれにしたがうところを見れば、百人は会社の客である。

だから**一国は会社のようであり、人民は会社の人間のようであって、ひとりで主人と客の二つの役目をつとめるべきなのだ。**

†客としての国民

第一。客の立場から考えれば、一国の人民は国法を重んじて、人間はそれぞれ平等であるということを忘れてはならない。

他人が自分の権理を侵害するのが嫌ならば、自分もまた他人の権理を妨害してはならない。自分が楽しいと思うことは、他人もまたそれを楽しいと思うのだから、他人の楽しみを奪って、自分の楽しみを増すようなことはしてはいけない。他人の物を盗んで、自分の財産としてはいけない。人を殺してはいけない。人を中傷してはいけない。国法を正しく守って、万人平等の大義にしたがわなくてはならない。

また、国によって定められた法は、たとえバカバカしいものでも、たとえ不都合なものでも、これを勝手に破っていいという道理はない。戦争をするにしても、外国と条約を結ぶにしても、それは政府の権限であって、この権限は、もともと人民が約束として政府に与えたものであるから、政府の政治に関係ない者は、決してそのことに口を出してはいけない。人民がこの趣旨を忘れて、政府の処置について、自分の意にかなわない、と勝手に議論をし、あるいは条約を破ろうとし、あるいは戦争をしようとして、ひどいのになると、一人先駆け、刀をとって飛び出すなどの行動におよぶことがあれば、国の政治は一日ももたないだろう。

たとえていえば、例の百人の会社がかねて申し合わせたとおりに社内の人間十人を選んで、会社の支配人と決めておいたのに、その支配人の処置について、残り九十人の者が自分たちの意に合わないといって、それぞれが会社のルールを議論し、支配人が酒を売ろうとしているのに、残りの九十人は牡丹餅《ぼたもち》を仕入れようとする。その議論はまちまちで、ひどくなると、自分の一存で勝手に牡丹餅の取引をはじめ、会社のルールに背いて他人と争論におよぶことがあれば、会社の商売は一日たりともできないだろう。その結果、会社が潰れることになれば、その損害は百人全員が負うことになる。ひどく愚かなことである。

したがって、国法はたとえ不正不便なものであっても、その不正不便さを口実にして破っていいということはないのだ。実際に、不正不便な箇条があれば、一国の支配人である政府にその旨を説いて、静かにその法を改めさせるべきである。政府が自分の意見にしたがわなければ、一方ではさらに力を尽くして説得し、一方では現状の法に我慢して時機を待つべきである。

†主人としての役目

第二。主人の立場から考えれば、一国の人民がすなわち政府である。

というのは、国中の人間がみな政治をする人間ではないので、政府というものを作って、これに国の政治をまかせ、人民の代理として事務をさせる、という約束を定めたからである。

したがって、人民が本家本元であり、また主人なのだ。政府は代理人であり、支配人なのだ。たとえば、会社の百人の中から選ばれた十人の支配人は政府であり、残りの九十人の社員が人民のようなものである。この九十人の社員は、自分で事務をするわけではないにしても、自分の代理として十人の者へ事を任せたのであるから、その身分を尋ねれば、これは会社の主人と言わざるをえない。また、その十人の支配人は、現在の事を取り扱っているとはいえ、もともと社内の依頼を受け、その意にしたがって事をなすように、という約束をした者であるから、それは自分の個人的な仕事をしているわけではなく、会社の公務をつとめる者なのだ。いま、世間で、公務といい公用というのも、その「公」という字の由来を尋ねれば、政府のやっていることは役人個人の事業ではなく、国民の代理となって一国を支配している、公の事務という意味なのである。

以上のような次第で、政府というものは、人民の委任を受け、その約束にしたがって、国中の人を上下貴賤の差別なく、それぞれの権理を十分に発揮させなければいけない。法を正しくし、罰を厳格にして、一点の不公正もさしはさんではいけない。

いまここに、一群の賊が来て、人の家に乱入することがあったとき、政府がこれを見て、これを制することができなければ、政府もまたこの賊の仲間といってよい。もし政府が、国法の趣旨を達することができず、人民に損害を与えることがあれば、その大きさや事の新旧を問わず、必ずこれを償わなくてはならない。

たとえば、役人の不行き届きで、国内の人かあるいは外国の人に損害を与え、三万円の賠償金を払うことがあったとしよう。政府には、そもそも金があるわけではないから、その賠償金の出所は必ず人民になる。この三万円を日本国中およそ三千万の人間で割ると、一人当たり十文。役人の不行き届きが十回繰り返されると、人民一人当たりの出金は百文になり、家族が五人いれば五百文になる。

田舎の小百姓に五百文のお金があれば、家族で一緒にそれなりのご馳走を食べて一晩愉快に過ごせるはずなのに、ただ役人の不行き届きのおかげで、全国の罪のない庶民の楽しみが奪われてしまうのは、実に気の毒の至りである。

人民の身としては、このようなバカらしいことで金を出すべき理由はないように思われるけれども、いかんせん、その人民は国のもともとの主人であって、政府へこの国をまかせて、公務を取り扱わせる約束をして、損得ともに引き受けることになっているのだから、ただ金を損したときだけ、役人の不手際をあれこれ議論してはいけない。人民たるもの、普段からよく気をつけて、政府の処置を見て安心できないということがあれば、その旨親切に知らせて、遠慮なく、穏やかに議論すべきである。

†税金は気持ちよく払え

人民は国の本家本元であるから、国を守るための費用を払うのは、もちろんその義務である。だから、この出費のとき不平を顔にあらわしてはいけない。

国を守るためには、役人の給料がいる。陸海軍の軍事費もいる。裁判所の費用もかかるし、地方官の費用もかかる。それらを合計すれば大金のように思えるけれども、一人当たりで割れば何ほどのものでもない。日本の歳入額を全国の人口で割ると一人当たり一円か二円だろう。年間わずか一円か二円を払って、政府の保護を受けて、泥棒や強盗の心配もなく、一人で旅行しても山賊に遭う恐れもなく、安穏とこの世を渡っていけるのは、非常に便利なことではないか。**およそ世の中に、何がうまい商売かといって、税金を払って政府の保護を買うほど安いものはない。**

世の中のようすを見ると、家に金を使うものもあり、ファッションやグルメに力を尽くすものもあり、ひどいのになると、酒や異性のために金を捨てて、財産を使い尽くすものもいる。これらの費用と税金の額とを比較してみると、もとより同日の談ではない。筋の通らない金であれば、一銭でも惜しむべきではあるけれども、道理において出すべきだけではなく、安い買い物でもあるのだから、税金はあれこれ考えずに気持ちよく払うべし。

†ダメな政府に対して取るべき手段

以上のように、人民も政府もそれぞれの役割を果たして仲良くやっているときは申し分ないが、そうではなくなって、政府がその役割を逸脱して暴政を行うこともある。その場合、人民がとるべき行動は以下の三つのみである。

すなわち、信念を曲げて政府にしたがうか、力をもって政府に敵対するか、身を犠牲にして正義を守るか、この三か条だ。

第一の「信念を曲げて政府にしたがう」のは、たいへんよくない。

天の正しい道理にしたがうのは、人たる者の仕事である。なのに、その信念を曲げて、政府が作った人造の悪法にしたがうというのは、人たるものの仕事を放棄したことになる。

さらに、一度信念を曲げて、不正の法にしたがったならば、後世の子孫に悪い例を残し、天下に悪い習慣を広めることになる。古来日本でも、愚かな人民の上にひどい政府があって、その政府が空いばりをすれば、人民はそれに震え上がっていた。政府の処置に道理がないとは思いながらも、はっきりと道理を述べたならば、必ずその怒りに触れて、後日役人らに苦しめられるであろうことを恐れて、言うべきことを言う者もなかった。その後日の恐れというのも、俗にいわゆる「犬の糞でかたき」というやつで、きわめて卑劣。人民はその犬の糞を恐れて、いかなる無理でも政府の命令にはしたがうべきもの、と心得て、それが世の中一般の気風となり、ついに今日のような情けない状態になったのだ。

これすなわち、人民の信念を曲げて、災いを後世に残した一例である。

第二に「力をもって政府に敵対する」のは、もちろん一人の力でできることではない。必ず仲間が必要になる。これがすなわち内乱である。これは決して上策とは言えない。

現に戦いを挑んで政府に敵対するときは、物事の道理はしばらく放っておかれ、ただ力の争いになる。だが、古今の内乱の歴史を見れば、人民の力は常に政府より弱い。また、内乱を起こせば、従来その国にある政治の仕組みを一度覆すことになるのは明白だ。その古い政府がたとえどんなに悪い政府であったとしても、そこには自然と善政や良法もあったはずだ。でなければ、政府の名である程度の年月続くわけはない。だから、一時の無鉄砲な暴動でこの政府を倒したとしても、暴力で暴政を倒し、愚政を愚政に代えたにすぎない。

また、内乱というのは、もともと旧政府の非道を憎んでおこしたものである。ところが、およそ人間世界に、内乱ほど非道なことはないのだ。世間友人の交際を破るのは言うまでもない。ひどくなると、親子が殺し合い、兄弟が敵対し、家を焼き、人を殺し、どんな悪事もなされる。そのようなおそろしい状態で、人の心はますます残忍になり、ほとんどケダモノのような行為をしながら、旧政府よりもよい政治を行い、寛大な法を施して、天下の人情を厚くしようなどとするのは、つじつまの合わない考えではないか。

第三の「身を犠牲にして正義を守る」とは、天の道理を信じて疑わず、いかなるひどい政治のもとで、どんなに過酷な法で苦しめられようとも、その苦痛に耐え、くじけずに志を持ち、何の武器をも持たず、少しの暴力も使わず、ただ、正しい道理を唱えて政府に訴えることである。以上、三つの策の内、この第三の策をもって上策の上とする。

道理をもって政府にせまれば、そのときその国にある善政や良法はこれによって少しも損害を受けることはない。仮に、その正論が用いられないにしても、道理のあるところはその論によってすでに明らかになったのであるから、自然の人情がそれに服さないわけがない。今年に行われなくとも、また来年を期せばよい。

また、力をもってして敵対するものは、一を得ようとして百を害してしまう危険性があるが、道理を唱えて政府にせまるものは、ただ除くべき害を除くだけであって、他へ危害がおよぶことはない。その目的は、政府の不正をやめさせることなのだから、政府の処置が正しくなれば、議論もそこで終わりになる。

また、力をもって政府に敵対すれば、政府は必ず怒り、自分たちの悪を反省せずに、かえってますますひどい政治をするようになる。しかし、静かに道理を説く者に対しては、たとえ暴政府といえども、その役人もまた同じ国民なのだから、身を犠牲にして正しい道理を守ってようすを見れば、必ず同情する気持ちが生まれるだろう。現に他人に同情する心があれば、自らの過ちを悔い、自然とあまり強く出られなくなって、必ず改心してくれるはずだ。

†命の捨てどころ

このように世を憂えて身を苦しめ、あるいは命を落とすものを、西洋の語では「マルチルドム（martyrdom）」という。失うのはただ一人の命であっても、その効能は一千万人を殺し、一千万の金を費やす内乱よりもはるかに大きい。

古来、日本では、討ち死にした者も多いし、切腹した者も多い。いずれも、忠臣義士として評判は高いけれども、その身を犠牲にした理由をたずねてみると、多くは政権争いの戦に関係しているか、または主人の敵討ちで華々しく一命をなげうった者に限られる。一見美しいようだけれども、実際は世の中の役には立っていない。主人のために、といい、主人に対して申し訳ない、といってただ一命をさえ捨てればいいと考えるのは、非文明社会の常だけれども、いま、文明の道理をもってこれを論ずれば、これらの人は命の捨てどころを知らない者というべきだ。

そもそも文明とは、人間の知恵や徳を進歩させ、人々が自分自身の主人となって、世間で交わり、お互いに害しあうこともなく、それぞれの権理が十分に実現され、社会全体の安全と繁栄を達することである。

であれば、政権争いの戦にしろ、敵討ちにしろ、この文明の目的に沿っていて、戦に勝って敵を滅ぼし、敵討ちを遂げて主人の面目を立てることで、世の中が必ず文明へと進み、商売が行われ工業が興って、社会全体の安全と繁栄をもたらす、という目的があるのならば、討ち死にも敵討ちももっとものようではあるが、それらのことにそんな目的はありえない。実際、かの忠臣義士もそんなつもりはなく、ただめぐり合わせで主人への義理を果たしたくらいだろう。

主人への義理で命を捨てた者を忠臣義士というなら、今日でも世間にそういう人は多くいる。権助《ごんすけ》が主人のお使いに行って、一両の金を落として途方にくれ、主人へ申し訳が立たないと覚悟し、並木の枝にふんどしをかけて首を吊るような例は珍しくない。いまこの忠義の使用人が自ら死を決心するときの心を酌《く》んで、その気持ちを察すれば、哀れむべきである。「使ヒニ出デテ未ダ返ラズ、身マヅ死ス。長ク英雄ヲシテ涙ヲ襟ニ満タシムベシ」と詩に詠んでもいいくらいだ。

主人の委託を受けた一両の金をなくして、君臣の分をつくすに一死をもってするのは、古今の忠臣義士に対して少しも恥じるところがない。その忠誠ぶりは、日月と共に輝き、その功名は天地と共に長くあるべきなのに、世間の人はみな薄情で、この権助を軽蔑し、碑を立ててその功業を称賛する者もなく、宮殿を建てて祭る者もいないのはなぜだろうか。

人はみな言うだろう。「権助の死はわずか一両のためであって、事の次第も非常に些細だ」と。しかし、事の軽重は金額や人数の多い少ないで論じてはならない。**世の中の文明に貢献したかどうかでその重要性を決めるべきである。**

いま、かの忠臣義士が一万の敵を殺して討ち死にするのも、この権助が一両の金をなくして首を吊るのも、その死で文明に貢献しないことではまさしく同様であって、どちらかを重視し、どちらかを軽視することはできない。義士も権助も共に命の捨てどころを知らない者と言ってよい。これらの行為は「マルチルドム」とは言えないのだ。

私の知るところでは、人民の権理を主張し、正しい道理を訴えて政府にせまり、その命を捨てて死ぬところで死に、世界中に対して恥じることのない人物は、古来、ただ佐倉宗五郎があるだけだ。ただし、宗五郎の伝は、物語の類として俗に伝わっているものだけで、いまだきちんとした詳細な記録がない。もし、それが手に入るならば、そのときはこれを記してその功徳《くどく》をたたえ、世間の人の手本とするべきだろう。

（明治七年三月出版）

第8編 男女間の不合理、親子間の不条理

自分の考えで他人を縛ってはいけない

†人間の性質

アメリカのウェーランドという人が書いた『モラル・サイエンス』という本の中に、人間の心身の自由を論じたところがある。そこで論じられているのは、おおよそ以下のようなことだ。

人間の身体は、他人と離れて一個独立しており、自分自身でその身体を取り扱い、自分自身でその心を用い、自分で自分を支配して、するべき仕事をするようにできている。

したがって、次のようになる。

第一に、人間にはそれぞれに身体がある。身体は外界の物に接して、それを使って目的を達することができる。たとえば、種をまいて米を作り、綿を採って服を作るように。

第二に、人間にはそれぞれ知恵がある。知恵は物事の道理を発見し、事をなすに当たっての見通しを間違えることがない。たとえば、米を作るときには、肥料の方法を考え、木綿を織るには機《はた》の工夫をするように。これらはすべて知恵の働きである。

第三に、人間にはそれぞれ欲がある。欲は心身の働きを起こすものであり、またこの欲を満足させることで個人の幸福を得ることができる。たとえば、人間はみなきれいな服、おいしい食べ物が好きである。けれども、きれいな服、おいしい食べ物というのは、勝手に自然から生じるものではない。これを手に入れようとすれば、人間の働きが必要になる。したがって、人間の働きは、みなたいてい欲の催促を受けて起こるものである。この欲がなければ働きというものもない。この働きがなければ安楽の幸福もない。禅坊主などは、働きもなく、幸福もない人間である。

第四に、人間にはそれぞれ良心がある。この良心は欲を制御し、その方向を正しくし、その限界を定める。欲というものは限りがないもので、きれいな服も、おいしい食べ物もこれで十分という線を決めがたい。そこでいま、やるべき仕事も放っておいて、ひたすら自分が欲しいものだけを追求すればどうなるか。他人を害して自分の利益を得ようとするしかない。これは人間のやることではない。このとき、欲と道理を見分けて、欲を離れて道理にしたがわせるのが、良心である。

第五に、人間にはそれぞれ意思がある。意思によって事をなそうという気持ちがわくのだ。世の中のことは偶然でできるものはない。よいことも悪いことも、すべて人間がそれをしようという意思があってできることなのだ。

以上、五つのものは、人間に欠かせない性質であって、この性質を自由自在に操ることで個人の独立が達成できる。「独立」といえば、世の変人奇人、世間との付き合いもしないような人間かと思われるかもしれないが、決してそうではない。人として世の中にいれば、友人は必要である。とはいっても、友人の方でも、こちらが友人を慕うのと同様に、こちらと交際したがっているのだ。世間の交際は互いに望んでいることである。ただ、この五つの力を使うに当たって、天が定めた法にしたがって、分限を越えないようにすることが肝心だ。

分限とは、自分もこの力を使い、他人もこの力を使いながら、お互いにその働きを妨害しないということである。このように、**人間であることの分限を間違えずに世間を渡れば、他人にとがめられることもなく、天に罪せられることもない。これが人間の権理である。**

以上のような次第で、人たるもの、他人の権理を妨げない限りは、自由自在に自分の身体を使っていい道理になる。好きなところに行き、いたいところにいて、あるいは働き、あるいは遊び、この事を行い、あの事をし、昼夜勉強するのも、あるいは気が向かなかったら一日中寝ていてもよい。他人の利害に関しない限りは、はたからあれこれ言われる筋合はない。

†他人の意思にしたがう不合理

以上の説に反して、「人たるもの、いい悪いはともかく、他人の心にしたがって行動するものである。自分の意思を通すのはよろしくない」という意見を持つものもいるだろう。これは、果たして当然の理屈だろうか。当然の理屈ならば、およそ人と名のついた者が住む世界ではどこでも通用するはずである。

一例を挙げてみよう。天皇様は将軍様よりも尊いものであるから、天皇様の意思で将軍様の身を勝手に動かすことにする。将軍様が行こうとすれば、「止まれ」と言い、止まろうとすれば「行け」と言って、寝るも起きるも飲むも食うも、自分の意思のままに行動することはできなくなるだろう。将軍様は、また臣下の大名を制し、その意思で大名の身を自由に動かすだろう。大名は、また自分の意思で家老の身を制し、家老は自分の意思で用人の身を制し、用人は徒士《かち》を制し、徒士は足軽を制し、足軽は百姓を制するだろう。

さて、百姓に至っては、それより目下の者もいないので、少し困ってしまうが、そもそもこの議論は、人間世界に通用する当然の道理に基づいたものであるはずなので、百万遍念仏で数珠が回ってくるように、最後は最初のところに戻って来ざるをえない。そこで、「百姓も人間だし、天皇様も人間だ。遠慮することはない」という許しを得て、百姓の意思で天皇様の身を勝手に動かし、天皇様の行幸に対して「止まれ」と言い、行った先に留まろうとすれば「お帰りに」と言い、起居眠食すべて百姓の思いのままになって、立派なお召し物やお食事をやめさせて麦飯を食わせるという事態になればどうだろう。

こうなると、日本国中の人民が、自分の身を動かす権理をなくして、かえって他人の身を動かす権理があることになってしまう。人間の身体と意思とはまったく別の場所にあって、その身体はまるで他人の魂をとどめる旅館のようになる。酒が飲めない身体に酒好きの魂を入れ、子どもの身体に老人の魂をとどめ、盗賊の魂は孔子の身体を借り、猟師の魂は釈迦の身体に宿り、酒が飲めない者が酒を酌んで愉快にやれば酒好きは砂糖湯を飲んで満足し、老人が木に登って遊べば子どもは杖をついて人の世話を焼き、孔子が門人を率いて強盗をすれば、お釈迦様は鉄砲を持って殺生をする。奇妙で不可思議なことになる。

これを天の理、人の情、文明開化と言うのだろうか。三歳児にも答えは明らかだろう。大昔から、日本や中国の学者先生が、上下貴賤の区別ということをやかましく言っていたのも、結局は他人の魂を自分の身体に入れようとするということだろう。このことを教え説いて、涙を流して諭したおかげで、末世の今日では、その効能もようやく出てきて、大きなものは小さなものを制し、強いものは弱いものを圧するような社会の風潮になった。学者先生も得意であろうし、古い神様方も、古代中国の聖人たちも、草葉の蔭で満足していることだろう。いま、そのありがたい影響（実は弊害）の一、二を挙げたい。

†男尊女卑の不合理

強大な政府が弱い人民を制圧することについては前述したので、ここではそれを省略して、男女の間について論じることにしよう。

そもそも、この世に生まれた者は、男であっても人間、女であっても人間である。この世に果たすべき役割がある、ということでいえば、世の中に一日たりとも男が必要でない日はないし、女が必要でない日もない。

その働きは同様だけれども、ただ違うところといえば、男は強く女は弱いということである。大の男の力で女と戦えば、必ず男が勝つだろう。これが男女の違いだ。

いま世間を見てみると、力ずくで人の物を奪うか、人をはずかしめる者があれば、これは罪人として刑罰を与えられるだろう。しかし、家の中で公然と人をはずかしめることについて、かつてこれを問題にする者がいなかったのは、どういうわけだろうか。

『女大学』という本に、「婦人には三つしたがわなければいけない道がある。幼いときは両親にしたがい、嫁に行ったら夫にしたがい、老いたら子にしたがわなければならない」とある。幼いときに両親にしたがうのはもっともだが、嫁いで夫にしたがうとはどういうことなのか。どのようにしたがうのか、聞いてみなくてはなるまい。

『女大学』の文によれば、亭主が酒を飲み、女遊びをし、妻を罵《ののし》り、子どもを叱って、金を使い浮気しまくっても、女性はこれにしたがい、この浮気男を天のように敬い尊んで、にこやかな表情で、気に障らない言葉でこれに意見せよ、とあるだけでその先の始末については触れていない。

ということはこの教えの趣旨は、浮気男であっても、現に自分の夫となった以上は、いかなる恥辱をこうむっても、これにしたがわなくてはいけない、ということになる。ただ心にもない表情を作って意見する権理があるだけなのだ。そして、その意見にしたがうかしたがわないかは浮気夫の心次第であって、この心を天命と思うよりほかに手段はないのである。

仏教の本に、「罪業深き女人」という表現がある。このようすを見れば、実に、女性は生まれながらに罪を犯した犯罪人と変わらない。その一方で女性を責めることは非常に厳しく、『女大学』には、「妻を離縁できる七つの条件」というのがあり、「浮気は離婚の理由になる」という裁判の結果がある。男にとってはたいへんに好都合なものである。しかし、あまりに不公平ではないのか。

結局、男は強く、女は弱いということから、腕力で男女に上下の差別を設ける教えなのだ。

†妾の風習を批判する

以上は、不倫夫、不倫妻の話だったが、ほかにも妾《めかけ》についての議論がある。

世の中に生まれる男女の数は同じになる理屈である。しかし、西洋人の研究によると、男子が生まれる数は女子よりも多く、男子が二十二人に対して、女子が生まれるのは二十人の割合ということだ。とすれば、一人の男が、二、三人の女性を娶《めと》るのは、天の道理に背くことが明白である。ケダモノといってもよい。

父を同じくし、母を同じくするものを兄弟と名づけ、父母と兄弟とが住むところを家と名づける。しかし、兄弟の父親は同じだけれども、母親は異なっており、父親ひとりが独立していて、母親たちがそのまわりで群れをなすというのは、人類の家といえるだろうか。家の定義に反するではないか。

たとえ、その住居がきわめて立派であっても、その部屋が美麗であっても、私の目から見れば、これは人の家ではない。家畜小屋である。妻と妾が同じ家にいて家の中がよく調和しているなどという話は、古今にその例を聞かない。妾といっても人の子である。一時の欲のために人の子をケダモノのように扱って、一家の習慣を乱して子孫の教育に害を与え、わざわいを天下に流して毒を後世に残すもの、これを罪人と言わずしてなんと言えばいいのか。

ある人は言うかもしれない。「妾を複数持っても、きちんとした対処をしていれば、人情を害することはない」と。これは男性方ご自身の説である。もしそうならば、一人の妻に複数の男を養わせ、これを男妾《だんしょう》と名づけて、家の中でも夫として待遇したらどうだろう。そうやってみて、その家がよく治まり、社会道徳上の害もないということになれば、私も口うるさく議論するのをやめて、何も言うまい。天下の男子の方々、よろしくお考え下さい。

ある人はまた言うだろう。「妾を作るのは子孫を残すためだ。孟子の教えにも、三つの親不孝の中でも、跡継ぎがいないのが最大の不孝だ、というではないか」と。

答えて言おう。天の道理に背くようなことを言う者に対しては、孔子だろうと孟子だろうと、遠慮なく罪人と言ってよろしい。妻を娶り、子どもを生まないからといって、大不孝とは何事だ。言い逃れといっても、あまりにひどすぎる。仮にも、人間の心を持っていれば、孟子のこんな世迷い言を本気にする人はいないだろう。

そもそも親不孝というのは、子どもが道理に背いたことをして、親の心身を悩ますことを言うのである。もちろん、老人にとって孫が生まれるのはうれしいことだけれども、孫の誕生が遅いからといって、これを子の不孝と言ってはならない。試しに世間の父母たちに聞いてみたい。息子に良縁があって、いいお嫁さんをもらったのだが、孫が生まれないと言ってその嫁を叱って、息子を鞭打ち、あるいは親子の縁を切ろうと思いますか、と。世界広しといえども、そんな奇人の話は聞いたこともない。子がないのは不孝だなどというのはそもそも空論で、議論するにも値しない。人々がそれぞれ自分の心に問いかければ、おのずと答えは出るだろう。

†孝行に名を借りて

親孝行をするのは、もちろん人たる者の当然である。老人ということであれば、他人であってもこれを丁重に扱うもの。まして、自分の両親に対して情をつくさないことがあるだろうか。利益のためでも、名誉のためでもない。孝行は、ただ自分の親と思い、自然の誠実さですべきものである。

むかしから、日本でも中国でも孝行を勧めた話は非常に多く、『二十四孝』をはじめとして、その他の本も数え切れないほどある。けれども、これらの本を見ると、十中八九は、人間にはできないようなことを勧めるか、あるいは愚かで笑うべきことを説くか、ひどくなると道理に背いたことをほめて孝行とするものもある。

寒い中、裸で氷の上に寝てその氷を解かして、母の欲しがる鯉《こい》をとるのも、人間には不可能なことである。真夏の夜に、自分の体に酒を降り注いで蚊を招き寄せて、親に近づく蚊を防ぐ、という話があるが、それよりも、その酒を買う金で蚊帳を買うほうが賢いのではないか。両親を養う稼ぎもなく、途方に暮れて、罪のない子を生きながら穴に埋めて口減らしをしようなどというその心は、鬼とも蛇ともいうべきであり、天の道理、人の情を害する極め付けというべきものだ。つい先程までは、「親不孝には三つあるが、中でも子を生まないのが最大の不孝だ」などといっておきながら、ここではすでに生まれた子どもを穴に埋めて、後継ぎを絶とうとしている。いずれを孝行とするつもりなのか、前後矛盾したデタラメの説である。

結局、この孝行の説も、親子の名に基づく区別をしっかりし、上下をはっきりさせるため、むりやりに子どもを責めたものだろう。そしてそれを正当化する理由は、「妊娠中に母を苦しめ、生まれてから三年は両親のふところにいないわけにはいかない。その大きな恩があるではないか」というものなのだ。

しかし、子を生んで養うのは、人類だけではない。動物だってみなやっている。ただ、人間の親が動物と違うところは、子どもに衣食だけではなく、教育も与え、社会的なあり方をも教えるという一事にある。

しかし、世間の親は、子どもはよく生むけれども、それを教育するやり方は知らない。自分は放蕩無頼の生活をしていて子どもに悪い例を示し、家の評判を傷つけ破産して貧乏になって、気力が衰えてからもう財産がないというので放蕩生活から頑固人間になって、子どもに対して孝行せよと責めるとは、どんなつもりなのか。どれほど鉄面皮なら、ここまで恥知らずになれるのか。

父親は子どもの財産を貪ろうとし、姑は嫁の心を悩ませ、両親の意思で子ども夫婦の身を制する。両親の理屈にならない理屈はごもっともとなるのに、子どもの意見は少しも聞かれず、嫁はまるで餓鬼地獄に落ちたように、起居眠食の自由もない。一つでも舅姑の意に合わなければ、すなわち不孝者とされ、世間の人もこれを見て、心の中では理屈の通らないことと思いながら、しょせんは他人事なので、理屈に合わない親の味方となって、理不尽にその子どもを非難する者もいる。あるいは、世間通の人の言うことにしたがって「こういう場合は理屈をこねずに、はいはい言っといて親をだましてしまえばいいんだよ。まあ、世間の知恵だな」などと言って親の目をごまかす方法を教える者もいる。

これが、どうして人間の家族のあるべき道と言えるだろうか。私はかつて「姑が戒めとすべき鑑《かがみ》は、遠くにあるのではない。自分が嫁だった頃にある」と言ったことがある。もし、姑が嫁を苦しめようと思ったら、自分がかつて嫁だったときに苦しめられたことを思いだせばいいのだ。

以上は、上下貴賤の差別より出てきた悪い習慣のうち、夫婦と親子の一例を示したものである。世間には、この悪い習慣が非常に広く行きわたっていて、人間関係の中でこれに染まっていないものはない。そうした例については、また後で示そう。

(明治七年四月出版)

第9編 よりレベルの高い学問

学問の二つのレベル——故郷の旧友に贈る(1)

†衣食住を得るだけでは蟻と同じ

人間の心身の働きを細かに見ると、これを二種類に分けて区別するべきことがわかる。第一は、一個人としての働きである。第二は、社会的交わりの中での社会人としての働きである。

第一の心身の働きで衣食住の満足を得ること、これを一個人についての働きという。とはいっても、地上のあらゆるもので、一つとして人間の役に立たないものはない。一粒の種をまけば二、三百倍の実がなるし、山奥の樹木は育てなくても成長するし、風は風車を動かす。海は運送の道になる。山の石炭を掘って、海や河の水をくんで、火を点じ、蒸気を作れば、巨大な船や車を自由に動かすことができる。そのほか自然の精妙な仕組みを数え上げればキリがない。

人間はただこの自然の精妙な仕組みを利用して、それをわずかに工夫して、自分たちの役に立てているだけなのだ。人間が衣食住を得るのは、すでに自然の手によって九九パーセントまで完成しているところへ、人の力で最後の一パーセントを加えただけのことである。人間は衣食住を自分で作ったとは言えない。実際は、道に落ちていたものを拾った、というくらいのものだ。

だから、人として自分で衣食住を得るのは何も難しいことではないのだ。これができたからといって、別にいばるほどのことではない。

もちろん、独立して生活するのは、人間にとって重要なことであり、「自分の汗で飯を食え」とは、古人の教えではあるけれども、私の考えでは、この教えを達成したからといって、人間たるもののつとめを果たしたとは言えない。この教えはただ、動物に負けていない、というだけのことだ。

試しに見てみるといい。動物、魚、虫、自分で食をとらないものはない。食料を得て一時の満足を得るだけでなく、蟻に至っては、はるかに未来のことを考え、穴を掘って住処を作り、冬の日に備えて食料を蓄えるではないか。なのに、世の中には、この蟻レベルで満足している人もいる。いまその例を挙げよう。

男子が成長して、ある者は職人になり、ある者は商売をし、ある者は役人になって、ようやく家族や周りの人の世話にならなくてすむようになり、それなりに衣食して他人にも義理を欠くことなく、借家でなければ自分で手軽に家を建て、家具はいまだ整っていないけれども奥さんだけはまず、ということで望みのとおりに若い女性と結婚し、身もおさまって節約もし、子どもはたくさん生まれたけれども、教育も一通りのことなのでたいして金もかからず、病気のときなどに備えての三十円、五十円といった金には常に困らず、長期的な人生プランをこまごまと気にかけ、とにもかくにも一軒の家を守るものがあれば、「独立の生活をしている」と自分でも得意になって、また世の中の人も「不羈《ふき》独立の人物だ」などといって並以上の働きをした立派な人間のように言う。けれども、実際はこれは大きな間違いではないのか。

この人はただ蟻の弟子というくらいのものなのだ。生涯やったことも、蟻を越えることができない。衣食を求め家を建てるときには、額に汗したこともあっただろうし、悩んだこともあっただろう。古人の教えに対しては恥じることはない。とはいえ、その達成したことを見れば、万物の霊長たる人間としての目的を達したものとは言えない。

以上のように、一身の衣食住を得てこれに満足するべきだ、とするならば、人間の生涯はただ生まれて死ぬだけだ。死ぬときには、生まれてくるときと何も変わらない。このようにして子々孫々と続いていけば、何百世代を経ても、村のありさまは変わらない。世に公共の工業を興すものも出ないし、船もできないし、橋もかからない。自分の身と家族のほかには全部自然まかせで、その土地に人間が生きたという証を遺すこともないだろう。

ある西洋人は、「世の中の人がみな小さいところで満足していたならば、今日の世界は、それがはじまったときから何も変わっていなかったに違いない」と言っている。まさにそのとおりだ。

もちろん、満足といっても二種類あるから、その区別を間違えてはいけない。一を得てまた二が欲しくなり、足りれば足りただけさらに不足を覚えて満足することがない、というのはこれを欲と名づけ、あるいは野心といわなければならないが、自分の心身の働きを使って達すべき目的を達しないのは、虫けら同然のバカである。

†人間は社会的動物

第二の働きについてだが、そもそも人間の性質というのは集まって住むことを好んで、決してひとりで孤立してはいられないものだ。夫婦や親子といった集まりでは、まだこの性質を満足させることはできない。広く他人と交際して、その交際が広くなればなるほど自身の幸福も大きくなるのを感じるものであって、これが人間社会が生まれた所以である。そして、社会の一員となった以上は、またそれに対する義務がなければならない。

およそ、世の中に学問といい、工業といい、政治といい、法律というのも、みな人間社会のために存在するのであって、人間社会がなければ、いずれも不要のものである。

政府は何のために法律を作るのか。悪人を防いで善人を保護し、社会をきちんと機能させるためである。

学者は何のために本を書き、人を教育するのか。後輩の知識を指導して、社会を保つためである。

むかしある中国人が、「肉を分けるように公平に天下を治めよう」といい、また、「自分の庭の草を除くよりも、まずは天下を掃除しよう」といったのも、みな人間社会のために役立とうとする志を述べたもので、およそ何人であっても、それなりの身についた特長があるならば、それを生かして世の役に立とうと思うのが普通の人情である。

もしくは、自分は世の中のためにやっているのではない、と思っていても、知らず知らずのうちに後世、子孫が自然とその恩恵にあずかっていることがある。人間にはこういう性質があって、だからこそ社会的な義務が達成できるのだ。

このような人物がむかしからいなかったとしたら、われわれが現代に生まれて、いまの世界中にある文明の恩恵をこうむることもなかっただろう。

親の財産を受け継いだら、それは遺産である。しかし、これは土地や財産だけのことだから、なくしてしまえばそれっきりであとかたもなくなる。世の中の文明はそうではない。**文明とは、世界中の過去の人々が一体となって、いまの世界中の人＝われわれに譲り渡してくれた遺産なのであって、その大きく広いことは、土地や財産とは比べ物にならない。**

けれども、いま誰に向かってこの恩を感謝すればいいのか。その相手は見当たらない。これをたとえて言えば、人が生きていくのに必要な日光や空気を得るのに、金がいらないようなものだ。そのものは非常に尊くても、それを現在所持している主人がいるわけではない。これはただ、古人による目に見えない贈り物というしかあるまい。

†古人の恩

世の中のはじめには、人間の知恵も開けていなかった。そのようすをたとえてみると、まるで生まれたての子どもに知識が生じていないのと同様である。

たとえば、麦を作ってこれを粉にするのには、自然のままの石を使ってつき砕いたのだろう。その後、ある人の工夫で、二つの石を円《まる》く平らな形に作り、その中心に小さな穴を開けて、一つの石の穴に木か金属でできた心棒をさし、この石を下に置いてその上にもう一つの石を重ね、下の石の心棒を上の石の穴にはめ、この石と石との間に麦を入れて上の石を回し、その石の重さで麦を粉にする仕組みを考えたのだろう。これがすなわち碾臼《ひきうす》である。

むかしは、この碾臼も人の手で回していたのだが、後世になっては、臼の形も次第に改良され、水車や風車に仕かけたり、蒸気の力を使ったりして、だんだんと便利になっていった。

何事もこのようにして世の中のようすは次第に進歩する。昨日便利だったものも今日はまだるっこく感じられるようになって、去年の新発明も今年は陳腐なものになる。西洋諸国が日ごとに発展する勢いを見れば、電信・蒸気・あれこれの機械など、どんどん出るにつれどんどん改良され、日に月に新しくならないものはない。

進歩は、形ある機械に限ったことではない。知恵が発展するにつれ、人間同士の交流もますます活発になり、交流が活発になれば、人情もますます穏やかになり、国際法が説かれて、軽率に戦争を起こすこともなくなり、経済の議論も盛んになって、政治や商売のやり方が一変し、学校の制度・本の体裁・政府の経済政策・議会での政治の議論も、改められるに応じてレベルも高くなった。その到達点は予想できない。

試しに西洋文明の歴史の最初から十七世紀までを読んで、一度本を置き、その二百年後の十九世紀についてからまた読みはじめれば、誰もがその非常な進歩に驚くだろう。およそ同じ国の歴史とは信じられないほどだ。そして、その進歩の元になったのは、と考えてみると、これはすべて古人の遺産、先人のおかげなのである。

わが日本の文明も、そのはじめは中国、朝鮮から来た。以来わが国の人たちの力によってそれを磨きあげ、近世のありさまに至った。洋学の源は、遠く宝暦年間（江戸時代中期。一七五一—六四）にある（『蘭学事始』という本を見るとよい）。

近頃、外国との交際がはじまってから、西洋の考えがようやく世間に広まるようになって、洋学を教える者、洋書を訳す者が出るようになった。天下の人心はさらに方向を変えて、そのために政治体制をも改め、諸藩をも廃して今日のような勢いになり、さらに文明への道を進むようになったのも、これまた古人の遺産、先人のおかげというべきである。

†現在はまさにチャンス

以上の論のように、むかしから能力のある人間には、心身を労して世の中のために事をなす者が少なくなかった。いまこうした人物の心中を想像するに、彼らが衣食住が豊かなこと程度で満足する者には到底思えない。社会的な義務を重んじて、高い理想を持っていただろう。

いまの学生は、これらの人物より文明の遺産を受けて、まさしく進歩の最前線にいるのだから、その進むところに限界を作ってはいけない。いまより数十年後、後の文明の世では、いまわれわれが古人を尊敬するように、そのときの人たちがわれわれの恩恵を感謝するようになっていなくてはならない。

要するに、**われわれの仕事というのは、今日この世の中にいて、われわれの生きた証を残して、これを長く後世の子孫に伝えることにある。**これは重大な任務である。どうして、数冊の教科書を読み、商人となり職人となり、小役人となり、年に数百程度の金を得て、わずかに妻子を養って満足していられようか。これでは、ただ他人を害さないというだけだ。他人にプラスになるような者ではない。

また、事をなすには、時勢に合う、合わないがある。時を得なければ、能力のある人間でもその力を発揮することはできない。そういう例は古今少なくないのだ。

近いところでは、わが故郷の中津にも、俊英で立派な人物がいたということを私は知っている。もちろん、いまの文明の基準からすると、その言うことなすことには方向性を誤っていたものもあるけれども、これは時代のせいであって、この人の責任ではない。実行力に乏しかったわけでもない。ただ、不幸にして、時にめぐり合わず、その宝のような才能を持ちぐされにして生涯をすごし、あるいは死に、あるいは老いて、ついにその人たちの力が世の中の人の役に立つことがなかったのが残念である。

しかし、いまはそういう時代ではない。前にも言ったように、西洋の考えがようやく広まって、ついに古い政府を倒し、諸藩が廃されたのは、ただ戦争による変動のためだと考えてはならない。文明の効能は、ただ一回の戦争で終わってしまうものではない。したがって、**この変動は戦争による変動なのではなく、文明に促された人心の変動なのだ。**

だから、戦争の変動は七年前にやんで［明治二年、五稜郭の戦いで維新の戦争終わる］、その痕跡はなくなっているのに、人心の変動はいまも続いている。

動かない物を導くことはできない。学問の道を先頭に立って唱え、天下の人心を導いて、さらにこれを進めて高いレベルに持っていくには、特にいまの時期が大きなチャンスである。そして、このチャンスに出会っているのが、いまの学生たちなのだ。だとしたら、世の中のために努力しないわけにはいかないだろう。以下、次編に続く。

（明治七年五月出版）

第10編 学問にかかる期待

前編の続き——故郷の旧友に贈る(2)

†初歩の学問で満足するな

前編では、学問の趣旨を二種類に分けて論じた。

その議論を大まかにいうと、「人間たる者は、ただ自身と家族の衣食を得ただけで満足してはならない。人間にはその本性として、それ以上の高い使命があるのだから、社会的な活動に入り、社会の一員として世の中のためにつとめなければならない」という趣旨であった。

学問をするには志を高くしなくてはならない。飯を炊き、風呂を沸かすのも学問である。天下の事を論じるのも学問である。けれども、一家の世帯は簡単で、天下の経済は難しい。およそ世の中で、簡単に手に入るものにはそれほど価値はない。物の価値というのは、手に入れるのが難しいことによるのだから。

私が思うに、いま学問をする者は、難しい学問を避けて簡単な学問に向かうよくない傾向があるのではないか。

むかし、封建時代には、学者が勉強して得るところがあっても、世間全般が身動きのとれない固定的な状態であったので、その学問を使うべきところがなかった。やむをえず、勉強した上にさらに勉強を重ねた。その学問の方向性はよいものでなかったとはいえ、本を読んでその博識なことは、いま学問をする者がとてもかなわないほどのレベルにあった。

現在はそうではない。学んだら学んだ分だけ、すぐにそれを使う場所がある。たとえば洋学を学ぶ学生が三年間勉強すれば、一通りの歴史・物理書などを理解し、洋学教師として学校を開くことができる。また、雇われて教えることもできる。あるいは、政府に仕えて、おおいに用いられることもあろう。さらにこれらよりお手軽な道もある。そのとき流行している翻訳本を読み、世間を駆け回って内外のニュースを仕入れ、チャンスを見て官職につけば、ご立派な役人になれる。

このようなやり方が普通になれば、世の学問は結局高いレベルにまでは進まないだろう。やや品がないことで、学問する者に向かっていうことではないのだけれども、以下、金勘定で説明しよう。

学校に入って勉強する費用は、一年間で百円にすぎない。三年間で三百円の資本を使い、それで一月五十円から七十円の利益を得るというのが、洋学を学ぶ学生の商売である。耳学問だけで役人になるものは、この三百円の資本金も要らないのだから、月給はまるまる手取りの利益になる。世間の商売の中で、これだけの割合の利益を得るものがほかにあるだろうか。高利貸と言えども、これにはおよぶまい。

もちろん、物の値段というのは、世間の需要の多い少ないによって高くなったり低くなったりする。現在、政府をはじめとしてあちこちで洋学者の仲間が緊急に求められているから、このような相場になっているのであって、洋学者たちが暴利をむさぼっているといって非難しているわけではない。また、洋学者にそのような待遇をするのは愚かだ、といっているわけでもない。

ただ、私の意見では、この洋学者たちが、あと三年、五年と苦労して、さらに高いレベルまで勉強してから実際の事に当たらせれば、大いに成すところがあるだろうと思うのだ。そうなってこそ、日本全国に割り当てられた学者たちの知力、人格もさらに高まって、はじめて西洋諸国の文明と対等に戦うことができるようになるだろう。

†日本人として外国人と競うことこそ学問の目的

いま学問をする者は何を目的として学問をしているのだろう。「何者にも束縛されない独立」という大義を求め、自由自主の権理を回復する、というのが目的だろう。

さて、「自由独立」というときには、その中にすでに義務の考えが入っていなければいけない。独立とは、一軒の家に住んで、他人に衣食を頼らないというだけのことではない。それはただ「内での義務」というだけのことだ。なお一歩進んで、「外での義務」について考えなければならない。これは、日本国にあって日本人の名をはずかしめず、国中の人と共に力を尽くして、この日本国をして自由独立の地位を得させて、はじめて内外共に義務を果たしたと言えるのだ。したがって、一軒の家の中でただ生活しているという者は、独立した一家の主人とは言えても、独立した日本人とは言えない。

試しに見てみよう。いまの日本では、文明の名こそあっても、その実はない。形こそ整っていても、内側の精神はダメ。いまのわが国の陸海軍で西洋諸国の軍隊と戦えるか。絶対に無理だ。いまのわが国の学術で西洋人に教えられるものがあるか。何もない。西洋人から学んで、まだその水準におよばないことを悲観しているだけである。

外国には留学生を派遣する。国内では外国人を教師として雇う。政府の官庁、役所、学校から地方の役所まで、外国人を雇わないところはほとんどない。あるいは、民間の会社や学校であっても、新しくスタートするところは、必ずまず外国人を雇い、高い給料を払って、これに頼るところが多い。

向こうの長所を学んで、自分たちの短所を補うのだ、と口癖のように言われるけれども、いまのようすを見れば、自分たちにあるものはすべて短所で、向こうにあるものはすべて長所であるかのようだ。

もちろん、数百年の鎖国をといて、急に文明社会の人たちと交際することになったのだから、その状態はまるで火が水に接するようなものだ。バランスをとって上手くやっていくためには、西洋の人間を雇ったり、西洋の機械などを買ったりして急場をしのぎ、火と水がぶつかっての混乱を収めるのは、やむをえない流れではある。一時的に西洋に頼るのも国の失策というべきではない。

しかし、他国の物を頼って自国の用を足すのは、永久に続けるべきことではもちろんない。ただ「これは一時的なものなのだから」と考えて、なんとか自分を慰めてはみるものの、その「一時的」がいつまで続くのだろうか。外に頼らずに、自分たちで満たすにはどうしたらいいのか。はっきりと見通しをつけることは、たいへん難しい。ただ言えるのは、いまの学者の仕事が完成するのを待ち、この学者たちによって自国の用を足す以外に方法はないだろうということだ。これがすなわち学者の義務なのだから、この義務は緊急に果たすべきである。

いま、わが国で雇った外国人は、わが国の学者が未熟であるがゆえに、しばらくその代わりをつとめているのである。いま、わが国で外国の機械などを買うのは、わが国の工業のレベルが低いために、しばらく金で用を足しているのである。外国人を雇ったり、機械を買ったりするのに金を使うのは、わが国の学術がまだ西洋におよばないために、日本の財貨を外国へ捨てているということなのである。国のためには惜しむべきことであり、学者の身としては恥じるべきことだ。

だが、将来に望みがないということはない。望みもなしに、一生懸命に物事を行う人間などいない。明日の幸福を望めば、今日の不幸も慰めることができる。来年の楽を望めば、今年の苦も耐えられるのだ。

むかしは、世の中の物事は古いしきたりに縛られて、志のある人間であっても、望みに値する目的がなかった。しかし、いまは違う。古い制限が一掃されてからは、まるで学者のために新世界が開かれたかのように、日本中で活躍の場にならないところはない。農民となり、商人となり、学者となり、官吏となり、本を書き、新聞を出し、法律を講義し、芸術を学ぶことができる。工業も興せる。議院も開ける。ありとあらゆる事業で行えないものはない。

しかも、**この事業は、国内の仲間と争うものではない。その知恵で戦う相手は、外国人なのである。**この知の戦いで勝てば、それはわが国の地位を高くすることになる。これに負ければ、その地位を落とすことになる。大きな望みがあり、しかも目的もはっきりしているではないか。

もちろん、天下の事を実際に行うには、優先順位や緩急をつけなければならない。とはいえ、結局のところこの国に必要な事業については、それぞれの人々の得意に応じて、いますぐ研究しなくてはならない。かりそめにも社会的な義務の何たるかを知るものは、この時機に接して、この事業をただ見ているだけというような理屈はない。学者も発憤せずにはいられないではないか。

†法は人を見て説かれる

以上のように考えれば、いまの学者は決して通常の学校教育程度で満足していてはいけない。志を高く持ち、学術の真髄に達し、独立して他人に頼ることなく、もし志を同じくする仲間がなければ、一人で日本を背負って立つくらいの意気込みをもって世の中に尽くさなくてはいけない。

人をどう治めるかを知って自分をどう修めるのかを知らなかった和漢の古学者たちを、私はそもそも好きではない。だからこそ、この本の初編から、人間の権理は平等であると主張し、人々はそれぞれの責任に応じて、自力で生活していくことの大切さを説いたのである。ただ、自力で生活していく、ということだけでは、いまだ私の考える学問の趣旨を尽くしたとは言えない。

たとえて言えば、ここに酒におぼれ、女におぼれる放蕩無頼の若者がいたとしよう。これをどのように扱えばいいか。このような者を導いてまともな人間にするには、まず酒を飲むことを禁止し、遊び歩くのをやめさせ、その後に相当の職につかせるべきだろう。酒を飲み、遊び歩くのをやめさせないうちは、家業のことについて語ってはならない。けれども、酒や女におぼれないからといって、それをその人の長所だとは言えない。これはただ、世の中に害をなさないというだけのことであって、いまだ無用の長物であることは否定しがたい。酒や遊びを禁じた上で、その後で、職につき、身を養い、家に対してプラスになることをして、はじめて人並みの若者なのである。

自分で生活していくことについての論も同じである。わが国の士族以上の人間は、長年の習慣で、生活の何たるかを知らず、自分の財産がどこから来ているのかもわからず、何もしないのに偉ぶって生活して、それを天から与えられた権理だと思っていた。そのようすは、あたかも酒や遊びにふけってまわりのことがわからなくなっている者のようだった。

このとき、このような人たちを相手にして、何を言えばいいのか。まずは、ひたすら自分で生活していくことの大切さを説いて、酔った眼を覚ましてやるほか手段はないだろう。この手の人に向かって、どうやって高いレベルの学問を勧めることができるだろうか。世の中にプラスとなるべき大義が説けるだろうか。たとえ、そのようなことを説いたとしても、夢の中での勉強はしょせん夢の中でのお勉強である。

これが、私が、まずはもっぱら自分で生活していくことを説き、真の学問についていいまだに語らなかった理由である。したがって、この説は、広く無駄飯食いに告げたものであって、学者に向けた話ではなかったのだ。

　ところが、最近、わが故郷の中津の旧友で学問をしている者の内、まれに学業半ばで早々にそれを生活の手段にしようとする人がいると聞いた。生計を立てることは、もとより軽んじるべきことではない。また、人の才能には長短があるから、人によってはさっさと将来の方針を決めるのはよろしいとは思う。けれども、もし、みながこの風に染まって、ただ生活の糧を互いに争うようなことになれば、優れた若者が、その資質を十分に発揮しないまま終わってしまう危険がある。本人のために残念なことであるし、日本のためにおしいことである。

生計を立てるのが困難である、とは言っても、よくよく一家のことを考えれば、早く金を稼いで小さなところで満足するよりも、苦労して倹約し、大成するときを待ったほうがよいのだ。

　学問をするならおおいに学問をするべきである。農民ならば、大農民になれ。商人なら、大商人になれ。学者ならば、小さな生活の安定に満足するな。粗末な着物、粗末な食べ物、暑い寒いを気にせず、米も搗《つ》くのがよい、薪も割るのがよい。学問は米を搗きながらでもできる。人間の食べ物は、西洋料理には限らない。麦飯を食って、味噌汁をすすって、文明の事を学ぶべきである。

（明治七年六月出版）

第11編 美しいタテマエに潜む害悪

「名分」論はニセ君子を生む

†「名分」は善意から生まれた

第八編では、上下貴賤の区別すなわち「名分」によって夫婦・親子の間に生まれた弊害について、例を挙げ、「この差別の害がおよぶところは、このほかにも数多くある」と書いた。

まずこの「名分」のそもそもの由来を考えてみよう。たしかに、表面的には強大な力でもって弱い者を支配するという意味には違いない。けれども、その本来の趣旨としては、必ずしも悪意のある考えから生まれたのではないのだ。

つまるところ、世の中の人間をすべて愚かな善人であると考え、これを救い、導き、教え、助けようとしているのだ。ひたすら目上の人の命令にしたがわせて、愚かな人には仮にも自分の考えを出さないようにさせる。その代わりに、目上の人がたいてい自分の経験を生かして、あれこれをよいように処理してやる。一国の政治も、村の支配も、店の始末も、家の生計も、上の人間と下の人間が心を一つにして、世の中の人間付き合いを、あたかも親子の間のようにしていこう、という趣旨なのである。

たとえば、十歳前後の子どもを取り扱うには、もちろんその子ども自身の考えにまかせるわけにはいかない。大抵は、両親のはからいで衣食を与え、子どもはただ親の言葉に逆らわずに、その指図にしたがってさえいれば、寒いときには、ちょうど綿の入った暖かい着物が用意される。腹が減ったときには、すでに食事の支度ができている。食事と着物は、まるで天から降ってきたかのように、欲しいと思うときにその物が手に入り、何一つ不自由なく、安心して家にいられる。

自分の身にもかえられないほど愛しているわが子に対しては、教え、諭し、ほめるのも叱るのも、すべて真の愛情から出ているから、親子の間が一体になって、その快適なことはたとえようもない。これがすなわち親子の付き合いであって、この場合には上下の区別である名分も立って、差し支えとなることもない。

世の中で名分を支持する人は、この親子の付き合いを、そのままその他の人間同士の付き合いに当てはめようと考えているのだ。これはずいぶんと興味深い工夫のようだけれども、ここに大きな問題がある。

親子の付き合いは、知力が十分な実の父母と、十歳ばかりの実の子どもとの間にのみ行われるべきものである。他人の子どもに対しては、最初から実現しがたい。たとえ実の子どもが相手であっても、その子が二十歳以上ともなれば、次第にそのやり方を改めざるをえない。まして、大人になった他人と他人の間では言うまでもないだろう。とてもこのやり方で付き合えるわけがない。理想としては美しくても、実行不可能なのだ。

さて、いま、一国、一村、政府、会社など、すべて人間の付き合いとされるものは、大人と大人の関係である。他人と他人の付き合いである。この関係に、実の親子間でのやり方を用いようとしても、それは難しいだろう。

とはいっても、たとえ実際には実行しがたいことでも、これが実現したらたいへんすばらしいだろうと想像する者にとっては、やってみたくなるのもまた人情の常である。これがすなわち、世に「名分」というものが起こって、専制が行われる理由なのだ。したがって、**名分は本来、悪い意図から生まれたものではない。理想を願う想像力からむりやりに作られたものなのだ、ということになる。**

†政府と人民は親子ではない

アジア諸国では、国の君主のことを民の「父母」といい、人民のことを「臣子」または「赤子《せきし》」という。政府の仕事を「牧民」の職と称して、中国では地方官のことを何州の牧と名づけることもあった。この「牧」という字は、獣類を養うという意味であるから、一州の人民を牛や羊のように取り扱うつもりであって、その意味を堂々と看板にかけているのだ。あまりにも失礼なやり方ではないか。

このように人民を子どものように、牛羊のように取り扱うといっても、前項で言ったように、そもそもの趣旨は悪い意図から出たものではない。実の両親が実の子どもを養うようなつもりなのだ。そのために、まず第一に国の君主をすばらしい、聡明な人間であると決めて、公平で賢い役人がそれを助け、一片の私心もなく、私欲もまったくなく、水のように清く、矢のようにまっすぐなその心を民にもおよぼし、民には愛情をもって接し、飢饉のときには米を与え、火事のときには見舞金を出し、力を添えて助け、救いの手をさしのべて育て、衣食住の安楽を与え、お上の影響は南風が快い香りをもたらすがごとくであって、民がそれにしたがうのは草がなびくよう。お上の心が柔らかなことは綿のようで、民の心が穏やかなことは木や石のよう。上と下とが一体になって、共に太平を謳《うた》おう、という目論見なのだろう。実に極楽の情景である。

けれども、よくよく事実を考えてみれば、政府と人民は、血縁関係にあるわけではない。他人の付き合いなのである。他人と他人の付き合いでは、情愛を基本にはできない。必ず規則約束をつくって、互いにこれを守りながら、わずかな権理の差を争いあうことによって、かえって双方共に丸く収まるものであって、これがすなわち国法が生まれたゆえんである。

右で言ったように、すばらしい聡明な君主と、賢い役人と、従順な人民と……それがまあ理想像だけれども、では、どんな学校に入ればそんな完璧な君主や役人が作り出せるのか。何の教育を施せば、こんなにけっこうな人民が得られるのか。中国人も、古く周の時代からこれを気にかけてきたのだが、今日まで一度も理想どおりに治まったときはなく、とどのつまりは、いま見られるように、外国人の支配に屈しているではないか。

なのに、その意味を理解せず、効きもしない薬を二度三度と飲むように、小刀細工の仁政を用いて、神でもない君主や役人が、さらにそれに無理を調合して、「御恩」を施してくれようとしても、「御恩」は変じて迷惑になり、仁政は悪法となっているのが現実で、それでなおも太平を謳おうとするのだろうか。謳うなら勝手にひとりで謳ってくれ。誰もいっしょに声を合わせてはくれないだろうけど。この目論見は現実に合っていないのだ。隣の国のことながら、あまりのバカさ加減を笑わずにはいられない。

†下の裏切りは専制の自業自得

この風習は、ただ政府だけではなく、商店でも、学校でも、寺社でも、どこでも行われている。いま一例を挙げてみよう。

店中で旦那が一番の物知りで、元帳（収益損失のすべてが書かれている帳簿）を扱うのは旦那ひとり。したがって、番頭がいて、手代がいて、みなそれぞれの仕事をしているのだけども、番頭・手代は商売全体の仕組みを知ることもなく、ただやかましい旦那の指図にしたがっているだけ。給料も指図次第、仕事も指図次第、商売の収支がどうなっているかは元帳が見られないのだからわからない。常に旦那の顔色をうかがって、その顔に笑みが含まれていれば商売がうまくいってる、眉の上にシワがよっていればまずい、と推測するくらいのもので、店について何の心配もすることはない。ただ一つの心配はといえば、自分が担当している帳簿に筆を入れて極秘のごまかしをすることくらい。鷲《わし》のような旦那の眼力も、そこまではおよばない。ひたすら律儀な忠助と思っていたところ、持ち逃げか急死の後などで、その帳簿を調べてみると、大穴が空いており、旦那はそこではじめて、忠助が信用できない人間であったことを知り嘆く。

けれども、これはその人物が信用できなかったのではない。専制というやり方そのものが当てにならなかったのだ。旦那と忠助は赤の他人で、共に大人ではないか。その忠助に商売の利益を分けず、子どものように扱おうという旦那の考えが悪いのである。

以上のように、上下貴賤の「名分」を正し、ただそのタテマエだけを主張して行われる専制が原因となって生まれた毒が、人間世界にだまし欺きの病を流行らせる。この病気にかかった人間をニセ君子という。

たとえば、封建時代では、大名の家来は表向きみな忠臣のつもりであるから、その形を見れば、君臣上下の名分は正されている。あいさつをするにも座敷に入る入らないの区別があり、亡くなった主君の命日前日には肉食をせず身をつつしみ、若殿が生まれたときには裃《かみしも》を着用し、年頭の挨拶や主家の寺への参詣にはひとりの欠席者もでない。

口では、「貧しいのは武士の常である。忠義を尽くし、国に報いるのが武士の本分だ」、あるいは、「主君の禄を食むものは、主君のために死すものである」などと大げさに言いふらし、いざとなればいまにも討ち死にしようという勢いであるから、そこいらの人はこれにだまされてしまう。けれども、冷静にもう一方から見てみると、これが果たして例のニセ君子なのだ。

大名の家来できちんと仕事をつとめているものがいれば、その家になぜ金が貯まるのか。決まった給料と決まった手当で一銭の余分な収入がある理屈はない。なのに、収支差し引きして余分がでるとは非常におかしい。いわゆる役得にしろ、賄賂《わいろ》にしろ、主人のものをせしめているのに違いない。

最も顕著な例を挙げて言えば、工事担当の奉行が大工からリベートをもらい、会計の役人が出入りの商人から付け届けをもらうなどということで、これは全国どこの藩でもほとんど常識であった。主人のためには馬前で討ち死にする、などという忠臣が、その主人の買い物でピンはねするとは、あまりにおかしいではないか。金箔つきのニセ君子である。

あるいは、まれに正直な役人がいて、彼は賄賂をとらないという話であれば、前代未聞の名臣として国中の評判になるけれども、これだって実際はただ金を盗まないというだけのことである。人が盗み心を起こさないからといって、別にそれほどほめるに値するようなことでもない。ただ、ニセ君子がたくさんいる中で、人並みの人間がまじっているので、特別目立つまでのこと。

結局、このようにニセ君子が多いのも、その原因を考えれば、古人が、「世の中の人間は、みな人がよくてコントロールしやすいもの」と思い込んだ妄想によるものである。その害がついに専制政治による人民抑圧となり、つまるところは、飼い犬に手を噛《か》まれるということになったのだ。

かえすがえすも、世の中で頼りにならないものといったら「名分」である。大きな毒を流すのは専制であり抑圧である。恐るべきことである。

†頼りにならない名分

ある人は、「このように人民不実の悪い例だけを挙げれば、それはキリもないけれども、全部が全部そうなのではない。わが日本は義の国であるから、古来、主人のために身を捨てた義士の例はたくさんある」という。

それはまったくそのとおり。むかしから義士がいないわけではない。ただ、その数が少なすぎて勘定に合わないのである。
元禄年間（一六八八―一七〇四）は、義侠《ぎきょう》心の花盛りというべき時代であった。このとき、赤穂七万石のうちに、義士四十七名がいた。七万石の領分には、およそ七万人の人口があるだろう。七万のうちに四十七人がいれば、七百万のうちには四千七百いるだろう。世間も変わり、歳月もすぎれば、人情も次第にうすくなって、義侠の花も散る季節となったというのは世の中の人がいつもいうことで、その通りだ。いまの人の義侠心は、元禄年間の人より三割減の七掛けにするとして、その割合は七百万中に三千二百九十人ということになる。いま、日本の人口を三千万とすると、義士の数は一万四千百人である。この人数で日本を守っていけるだろうか。三歳の子どもでも計算できるだろう。

†名分の代わりに職分を

以上の議論によれば、名分は丸つぶれの話になるけれども、念のためここに一言しておく。「名分」とは、うわべだけで実のない名目のことを言ったのである。実がないような上下貴賤の区別はすべて無用のものだけれども、このうわべだけの名目の中身として、実

のある「職分」（自分の立場による責任）を代入し、その中身の職分をさえしっかり守れば、この名分論はちゃんと通用する議論なのだ。

すなわち、政府は一国の元締めであって、人民を支配する職分がある。人民は一国の株主であって、その費用を出す職分がある。文官の職分は、法律を定めることにある。武官の職分は、命令にしたがって戦うことにある。このほか学者にも、町人にも、みなそれぞれ定められた職分がある。

なのに、知ったかぶりのおっちょこちょいが、名分は不要と聞いて、早速その職分を忘れてしまい、人民でありながら政府の法律を破り、政府の命で人民の産業の邪魔をし、兵隊が政治に口出しして勝手に戦争を起こし、文官が武官の武力によって言うことを聞かせられる、というようなことがあれば、これこそ国の大きな乱れであろう。自主自由の半端な理解というもので、無政府・無法の騒動である。

名分と職分は、字こそ似ているがまったくの別物である。学者はそこを間違えないように。

（明治七年七月出版）

第12編 品格を高める

演説のススメ

†定義と効用

「演説」というのは、英語で「スピイチ（speech）」といって、大勢の人を集めて説を述べ、席上にて自分の思うところを人に伝える方法である。わが国では、むかしからそのような方法があることを聞かない。寺院の説法が、まあ、これに近いだろうか。

西洋諸国では、この演説が非常に盛んで、政府の議会、学者の集会、会社、市民の集まりから、冠婚葬祭、開業開店などの瑣事《さじ》であっても、わずか十数名の人が集まれば、必ずその会について、あるいは会の趣旨について、あるいは平生の持論を、あるいは即席の思いつきを説いて、集まった人に披露する風習がある。

これが大切なことは言うまでもない。たとえば、いま、世間で「議会が必要だ」という意見があるけれども、たとえ議会を開いたところで、まずこのように意見を述べる方法がなくては、議会も何の役にも立たないだろう。

演説をすると、その内容の重要さはひとまずおき、口頭でしゃべるということ自体に、おのずからおもしろみが出てくる。たとえば、文章にすればたいして意味がないようなものでも、口で言葉にすれば、理解もしやすく、人の心を動かすものがあるのだ。古今に名高い名詩名歌というのもこのタイプのもので、これらの詩歌を通常の文章に訳せば、ちっともおもしろくなくなるのだが、詩歌の約束事にしたがって形を整えると、限りない趣が出てきて、多くの人を感動させる。

したがって、**一人の人間の考えていることを多くの人に伝えるのに、スムーズにいくかどうかは、それを伝える方法におおいに関係しているといえる。**

†読書・観察・推理・議論・演説……

学問はただ読書するだけのものではない、ということは、すでにみなの知っていることであるから、いまさらそれを論じる必要はないだろう。学問で重要なのは、それを実際に生かすことである。実際に生かせない学問は、学問でないのに等しい。

むかし、朱子学を学んだある書生の話である。長い間江戸で勉強して、朱子学の偉い先生たちの説を日夜怠らずに写し取ったところ、数年間でその写本は数百巻にもなった。ついに学問も成ったので故郷へ帰ろうとして、自分は東海道を下り、写本は葛籠《つづら》に入れて船で送ったのだが、不幸なことにその船は、遠州灘のあたりで難破してしまった。この書生は、自分は故郷に帰ったものの、学問はすべて海に流れてしまって、身についたものは何もなく、いわゆる「本来無一物」で、その愚かさは勉強前と変わらなかった……。

いまの洋学者にも、またこの懸念がある。今日、都会の学校での読書・議論のようすを見れば、一応ひとかどの学者と言わざるを得ない。けれども、いまその洋書を急に取り上げて田舎に帰してみれば、親戚・友人には「おれの学問は東京に置いてきた」と言い訳するなどといった、おかしな話にもなりかねない。

したがって、学問本来の趣旨は、ただ読書にあるのではない。精神の働きにある。この働きを活用して実施に移すには、さまざまな工夫が必要になる。「ヲブセルウェーション(observation)」とは、物事を「観察」することである。「リーゾニング(reasoning)」とは、物事の道理を「推理」して、自分の意見を立てることである。

もちろん、学問の手段はこの二つで尽くされている、というわけではない。なお、このほかに、本を読まなくてはならない。本を書かなくてはならない。人と議論しなくてはならない。人に向かって、自分の考えを説明しなくてはならない。これらの方法を使い尽くして、はじめて学問をやっている人といえるのだ。

すなわち、観察し、推理し、読書をして知見を持ち、議論をすることで知見を交換し、本を書き演説することで、その知見を広める手段とするのだ。この中には自分ひとりだけでできることもあるけれども、議論や演説に至っては、他人を必要とする。演説会の意義が、これらのことによってもわかる。

いま、わが国民において最も心配なことは、その見識が低いことである。これを指導して高いレベルにもっていくのは、もちろん、学者の責任である。その手段を認識しているのであれば、力を尽くしてこの仕事をやらなくてはならない。なのに、学問の道において、議論や演説が大切なのは明らかであるにもかかわらず、今日、これを実行する者がいないのはどうしたことか。学者の怠慢である。

人間のやることには、内側でのことと外に対してやることの二つの面がある。両方をきちんとやらなくてはならない。なのに、いまの学者は、内側一辺倒で、外に対してやるべきことを知らない人間が多い。このことを考えないわけにはいかない。内側にあるものは淵のように深く、人と接しては飛ぶ鳥のように活発であり、学問上の緻密さは内に向かって限りなく、学問活用の広がりは外に向かって際限がない。こうなって、はじめて真の学者と言えるのだ。

品格を高めよ

†知識だけでは品格は高まらない

前項で、「いま、わが国で最も心配なことは、国民の見識がいまだに低いことだ」と書いた。人間の見識や品格は、難しい議論をすることによってのみ、高くなるものではない。禅では、悟りなどといって、その理屈はたいへん奥深いものであるとのことだが、その坊さんのやっていることを見れば、現実から離れていて役立たずである。現実的には、ぼーっとしていて何の見識もないに等しい。

また、人間の見識品格は、ただ、広い知識をもっていることによって高くなるものでもない。たくさんの本を読み、広く世間の人と交際していても、なおも、しっかりと自分自身の意見が持てないものもいる。古い習慣を守る儒者などがこのタイプだ。

ただ、儒者のみではなく、洋学者であってもこの害は見られる。いま、西洋の日に日に進歩する学問に志して、ある者は経済書を読み、ある者は修身論を講じ、ある者は哲学、ある者は科学と、日夜、精神を学問に没頭させ、その苦学のようすは、まるでイバラの上に座って痛みにたえられないはずなのに、その人の私生活を見てみると、決してその学問どおりではない。経済学の本を読みながら自分の家計もどうにかできない。口では修身を論じていながら自分の身を修めることも知らない。その言っていることとやっていることを比較すると、まさしく別人のようで、一定の見識があるとは思えない。

結局、こういうことだ。このタイプの学者であっても、自分が講義をしたり読書していることを否定しているわけではない。しかし、正しい物事を正しいと判断することと、その正しいことを実行することとは、まったく別のことなのだ。正しく考え正しく行動できるときもあるし、そうでないこともあるのだ。「医者の不養生」とか「論語読みの論語知らず」ということわざも、こういうことを言ったのであろう。

だから言うのだ。人間の見識品格は、深遠な理論を議論して高まるものではないし、また広い知識を持つことだけで高まるものでもない、と。

では、人間の見識、品格を高めるにはどうしたらいいのだろうか。

その要点は、**物事のようすを比較して、上を目指し、決して自己満足しないようにすることである**。ただし、ようすを比較する、というのは、個々のあれこれを比較するということではない。こちらの全体と、あちらの全体を並べて、それぞれのいいところと悪いところをあまさず見なくてはならない。

たとえば、いま、若い学生が、酒や異性にもおぼれず、きちんと生活してちゃんと勉強すれば、家族や目上の人間にも叱られることなく、誇らしげになることに思えるけれども、これはただほかのだらしない学生に比べてのことにすぎない。きちんと生活し勉強するのは、人間として当然のこと。ほめるほどのことではない。人間の使命としては、ほかにもっと高いものがなければならない。

古今の人物を広く見て、誰と比較して誰の仕事くらいのことをすれば満足できるか、と考えれば、どうしても高いレベルの人物と比較せざるをえなくなるだろう。もしくは、自分に長所が一つあっても、向こうには二つあるならば、自分のその一つの長所だけで満足する理屈はない。

まして、後から来るものは、先人たちを超えるのが決まりごとなのだから、古人に前例がなく比較する相手がいない場合などなおさらである。現代の人間としての責任は重大なのだ。それなのに、いま、ただきちんと生活してしっかり勉強するくらいのことで、生涯の仕事と言えるだろうか。考えの足りないこと、はなはだしい。

酒や異性におぼれたりするのは、まともな人間ではないのだ。それと比べて自己満足している者は、障害のない人が障害のある人に向かっていばっているのと同じである。自分の愚かさをさらけだすにすぎない。

したがって、酒や異性におぼれる者を非難したり、あるいはその是非について議論しているうちは、議論のレベルが低いと言わざるをえない。人間の品格が少し進歩したときには、この程度の話はすでに卒業していて、そんな議論をすればかえって人にバカにされるようになっているはずである。

†学校のレベルは学問で決まる

いま、日本で学校を評価するときに、「あの学校の風紀はこうだ。向こうの学校の取り締まりぶりはああだ」と言って、世間の保護者は、ただこの風紀と取り締まりのことばかりを気にしている。

そもそも、風紀取り締まりとは何のことを言っているのか。校則が厳しくて、生徒が堕落することを防ぐのに取り締まりが行き届いていることを言うのだろう。これを学校の美点としていいのか。私は、これをかえって恥とする。

西洋諸国の風紀は、決していいものというわけではない。それどころか、見るに耐えないひどいところもある。けれども、学校を評価するのに、風紀の正しさと取り締まりの行き届き具合のみをもって名誉を得るなどという話は聞いたことがない。学校の名誉は、学問のレベルが高いのと、その教え方が上手いのと、教師や学生の人物が高くて議論の程度が低くないということで決まるのだ。

だから、教師も学生も、ほかのレベルの低い学校と比較してどうこうということではなく、世界トップの学校を相手にその長所と短所を比べなければならない。風紀が整っていて、取り締まりがきちんとしているのも、学校の長所の一つではある。けれども、その長所というのは、学校においてはいちばん程度の低いところでの長所なのだから、ちっとも自慢に値するようなことではない。トップの学校と比較するに当たっては、別に力を入れるところがなくてはいけない。

したがって、学校の急務として、いわゆる取り締まりのことが話題になっているうちは、たとえそれがよく行き届いているにしても、決して満足すべき状態ではないのだ。

†トルコとインドがおくれを取った理由

一国についても話は同じである。たとえば、ここに一つの政府があるとしよう。ここでは優秀で公正な人間が政治を担当し、人民の苦楽をきちんと察して適切な処置をし、信賞必罰が行われ、君主の恩恵と威光にあふれ、法はすべて正しく厳格に行われ、人民はみな満ち足りて太平を楽しむ。これはまことに誇るべき状態に思える。

しかし、公正に信賞必罰が行われ、君主がすばらしいといっても、人民みなが満ち足りて太平だといっても、これはすべて一国内のことである。名君やりっぱな役人など、少人数の人間の意によって成ったものである。長所とか短所というのも、その国の以前の政府に比較してのものか、あるいは、外国のひどい政府と比較して誇るべきものであって、決してその国全体のようすを詳しく見て、他国と一から十まで比較したものではない。

もし、一国全体を一体のものとみなして、他文明の一国と比較し、数十年の間に行われたことのそれぞれの長所短所を比較して、互いにつき合わせてみて、実際の損得を議論してみれば、誇るに足るように見えたものが、決してそれに値するものでないことがわかるだろう。

たとえば、インドという国は古い。その文化が興ったのは、紀元前数千年前であり、そこで生まれた理論の精密で奥深いことは、おそらくいまの西洋諸国の哲学と比べても恥じることのないものが多いだろう。

また、むかしのトルコも、非常に強い国であって、政治・文化・軍事などすべてが見事に整っていた。君主は賢明で、役人は公正だった。人口が多いことと、兵士が強いことはまわりの国で並ぶものがなく、一時はその名誉を四方に輝かせたのだった。

したがって、インドとトルコを評すれば、一方は名のある文化国で、一方は武勇の大国だったと言わざるをえない。

しかし、いま、この二大国のようすを見れば、インドはすでにイギリスの所領となって、インドの人民はイギリス政府の奴隷同然である。いまのインド人の仕事といったら、ただアヘンをつくって中国人を殺し、イギリス商人のみを毒薬商売で儲けさせることだけである。

トルコの政府も、名目上は独立してはいるものの、商売上の利権はイギリス人・フランス人に独占されている。自由貿易のもとで自国の産業は衰え、機を織るものもなく、機械を製造するものもなく、額に汗して土地を耕すか、ふところ手をしてただ無意味に日を送るかで、一切の工業品はイギリス・フランスの輸入に頼っている。また、自国の経済をコントロールする手段もなく、武勇の兵士も、貧乏のせいでさすがに役に立たないということだ。

以上のように、インドの文化もトルコの武威も、その国の近代文明にちっとも貢献しないのはなぜだろうか。それぞれの国の人民の視野が、ただその国内だけに限定されていたからだ。自国の状態に満足しきって、他国との比較は部分的なところでだけして、そこで優劣なしと思って判断を誤ったからだ。議論もここで止まり、仲間をつくるのもここで止まった。勝ち負けも、栄誉も恥辱も、他国のようすの全体を相手に比較することなく、人民が一国内で太平を楽しんだり、兄弟喧嘩をしているうちに、西洋諸国の経済力に圧倒されて国を失ってしまったのだ。

西洋諸国の商人は、アジアで向かうところ敵なしである。恐れないわけにはいかない。もし、この強敵を恐れることに加えて、その国の文明を目標にするのであれば、きちんと内外のようすを比較して、その上で努力しなければならないのだ。

(明治七年十二月出版)

第13編　怨望は最大の悪徳

「ねたみ」は百害あって一利なし

†欠点も時と場合によっては美点となるが……

およそ人間には、いろいろな欠点があるものだが、人間社会において最大の害があるのが、「怨望（他人の幸福をねたんだり、うらむこと）」である。欲張り・ケチ・贅沢《ぜいたく》・誹謗《ひぼう》の類は、どれも大きな欠点だけれども、これをよくよく見てみれば、その本質のところでは別に悪いものではない。それを出す場所柄と、その強弱の程度と、向かっていく方向によっては、欠点でなくなることもある。

たとえば、お金を好んで飽くことを知らないのを、欲張り・ケチという。けれども金が好きなのは人間の本性なのだから、その本性にしたがってこれを十分満足させようとするのは、決してとがめるべきことではない。ただ、道理の通らない金を得ようとして、場所をわきまえずに、お金を好む気持ちに限度がなく道理をはずれて、金を得る方向を誤って道を踏み外すときは、これを欲張り・ケチというのだ。だから、金を好む心の働きを見て、ただちに欠点としてはいけない。美点と欠点との境界には、一つの道理というものがある。この内側にあるものは、節約とか経済的といって、まさに人間が目指すべき美点の一つとなるのだ。

贅沢もまた同じである。ただ、自分の身をわきまえているかどうかによって、美点か欠点かの名前がつく。軽く暖かい着物を着て、住みよい家に住むのを好むのは、人情である。天の道理にしたがってこの人情を満足させることを、とても欠点とは言えない。金を集めてよく使い、使って限度を超えないのは、見事なことである。

また、誹謗と批判とは、非常に区別しがたい。他人に難癖をつけるのを、誹謗と言い、他人の迷いを晴らし、自分が正しいと思っていることを主張するのが批判ということになってはいる。

しかし、絶対の真実がこの世の中でいまだ発見されていない以上は、どの議論が正しくてどれが間違っているのかは決められない。正しい正しくないが決まらないうちは、仮に世間の多数決によって一応の正しさとするべきだろうが、何が多数意見なのかを明らかに知ることすらも、たいへん難しいのである。

したがって、他人を誹謗する者に対して、ただちに人格的に問題があるように言ってはいけない。それが果たして誹謗なのか、それともきちんとした批判なのかを区別するには、まず世界中の真理を得なければならない。

以上のほか、驕《おご》りと勇敢さ、粗野と率直、頑固と真面目さ、お調子者と機敏さはペアになっているものであって、どれもみな場面と、程度と、方向性によって欠点ともなるし、美点にもなるのだ。

ただ一つ、そもそもの働きにおいて完全に欠点一色で、どんな場面でもどんな方向性でも、欠点中の欠点といえるのは、怨望である。怨望は、働き方が陰険で、進んで何かをなすこともない。他人のようすをみて自分に不平をいだき、自分のことを反省もせずに他人に多くを求める。そして、その不平を解消して満足する方法は、自分に得になることではなく、他人に害を与えることにある。

たとえば、他人の幸福と自分の不幸を比較して、自分に不足があれば、それを改善して満足するという方法をとらずに、かえって他人を不幸におとしいれて、それによって自分と他人を同じ状態にしようとする。『論語』に「これを悪《にく》んではその死を欲す」という言葉があるが、まさにこのことだ。このような者の不平を満足させようとすれば、世間一般の幸福が減るだけであって、何の得にもならない。

†多くの悪徳は怨望の結果

ある人が言うには、「ウソをついたりだましたりするのも、実質的には悪徳である。怨望と比べても、同じくらい悪い」とのこと。たしかにそうなのだが、事の原因と結果とを比較すれば、「同じくらい」というわけにはいかない。ウソをつき、だますことは、もちろん大悪事なのだが、これが必ずしも怨望を生み出すわけではない。一方、ウソや欺きの多くは、怨望によって生み出されるのだ。

怨望は、諸悪の根源のようなもので、どんな人間の悪事もここから生まれてくる。猜疑、嫉妬、恐怖、卑怯の類は、すべて怨望から生まれてくる。それが、内向的に表れると、ひそひそ話、密談、内談、策略となり、外に向けて表れると、徒党、暗殺、一揆、内乱となって、少しも国にプラスとなることがない。わざわいが全国に広まるにいたっては、自分も他人もひどい目にあう。怨望とは、公共の利益を犠牲にして私怨をはらすものなのだ。

怨望が、人間社会の中で害があることは以上に見たとおりだが、それが生まれた原因は、と考えてみると、それはただ「窮」の一事に尽きる。この場合の「窮」とは、困窮とか貧窮というときの「窮」ではない。言論の自由をふさぎ、行動の自由を妨げるというように、人間の自然な働きを行きづまらせる「窮」なのだ。

貧窮・困窮が怨望の原因とすれば、世の中の貧乏人はみな不平を訴えて、金持ちはうらみの的となって、人間社会は一日も持たないはずだけれども、事実はそうなってはいない。いかに貧乏で社会的地位が低くても、その原因を知って、それが自分の責任であることを理解すれば、決してみだりに他人をうらんだりはしないものである。その証拠はいちいち挙げるにおよばないだろう。今日の世界で、貧富の差、社会的地位の差があるのに、人間社会がちゃんと動いているのを見れば明らかだ。だから、金持ちや社会的地位の高さは怨望の的にはならないし、貧乏や社会的地位の低さも不平の原因ではない、と言える。

†怨望を募らせる孔子の教え

人間本来の自然な働きを邪魔して、いいことも悪いこともすべて運任せの世の中になると、これが非常に流行する。

以上のことから考えると、怨望は貧乏や地位の低さから生まれたものではない。ただ、人間本来の自然な働きを邪魔して、いいことも悪いこともすべて運任せの世の中になると、これが非常に流行する。

むかし孔子が、「女と小人はいかんともしがたい。さてさて困ったことだ」と嘆いたことがある。現代の目で考えてみると、これは孔子が自分で自分の首をしめておいて、愚痴を言ったものに思える。人間の心の本性は、男と女で違っているわけはない。また、「小人」とは、社会的地位が低いもののことだろうか。地位が低い階級の出身だからといって、同じく低い地位に甘んじなくてはいけないという理由はない。だいたい、社会的な地位が高くても低くても、生まれ落ちたときの性質に違いがないのは、もちろん言うまでもないことである。なのに、「女子と小人だけは取り扱いに困る」とはどういうことか。

普段から、広く人民に「卑屈になれ」と教えて、力の弱い女子や小人たちを束縛しておいて、少しも自由に動くことをさせなかったために、結果、怨望の気風が生まれたのだが、それが極度に至って、さすがに孔子様も嘆息することになった。元来、人の性質というのは、自由に動くことができなければ、必ず他人をうらやむようになる。この因果関係は、麦をまいたら麦が生えることぐらいに明らかである。聖人と呼ばれる孔子様が、この道理を知らず、何の工夫もなくいたずらに愚痴をこぼすとは、あまり頼もしい話ではない。

そもそも孔子の時代は、明治からさかのぼること二千余年、野蛮で未開の世の中だったので、教えの趣旨もその時代の風俗人情に合わせてある。当時、民心を維持していくためには、あまりよくないやり方と心では知りつつも、このような方便をとるしかなかったのだろう。もし、孔子がはるか後世のことも洞察できた真の聖人ならば、本人だって、この方便は方便であって、心から最上の手段だと思っていたわけではあるまい。

だから、後世、孔子を学ぶ者は、当時の時代状況を考え合わせて、その教えを取捨選択しなくてはいけない。二千年前の教えをそのまま引き写しにして、明治の時代に実行しようとする者などは、話にならない。

†御殿女中の異常な世界

ほかに近い一例を挙げれば、怨望が流行して社会を害した最大のものは、わが日本の封建時代にたくさんいた大名の御殿女中である。

御殿の概略をざっと述べればこうなる。無学無教養の婦女子が集まって、無知無徳の主人に仕えている。勉強したからといってほめられることもなく、なまけたからといって罰せられることもない。忠告をした、といって叱られる場合もあり、忠告をしなかった、といって叱られることもある。言うもよし、言わないのもよし。ウソをつくのもよし、つかないのもよし。ただ毎日の臨機応変で、主人の寵愛を期待するだけ。そのようすは、まるで的がないところで射るようなものであるから、当たったからといって射るのが上手いわけではないし、当たらなかったからといって下手というわけでもない。これはまさに人間社会の外にある別世界なのだ。

このような世界の中にいれば、喜怒哀楽の感情も必ず変化して、外の人間社会と違ってこざるをえない。たまたま仲間に出世する者がいても、その出世の方法を学ぶこともできないのだから、ただこれをうらやむしかない。これをうらやむあまり、ただそねむしかない。仲間をそねみ、主人をうらやむのに忙しければ、主君の家のことなど思っているヒマなどない。

忠義などは表向きの挨拶であって、実際のところは、畳に油をこぼしても人が見ていなければそれを拭きもせず放っておくようになる。ひどい場合には、主人の一命にかかわる病気のときでも、普段の仲間同士のにらみ合いのせいで、思うままに看病できない者も多い。

さらに一歩を進めて、怨望嫉妬が極まると、毒殺のようなこともまれにはないわけではない。もしこの大悪事について古来からの統計があって、御殿に行われた毒殺の数と、世間一般での毒殺の数を比較することができれば、御殿での悪事が盛んなことがはっきりするだろう。怨望のわざわいは、なんとも恐るべきものである。

†自由は政治上だけの問題ではない

このように御殿女中の一例を見ても、世の中の大抵のようすは、推して知るべしである。**人間最大のわざわいは怨望にあって、その原因は、「窮」なのだから、言論の自由は邪魔してはいけないし、行動の自由は妨げてはいけない。**

試しに、イギリス・アメリカとわが日本のようすを比較して、どちらの人間社会がこの御殿状態から脱しているか考えてみよう。われわれはいまの日本について、まったく御殿といっしょ、とは言わないけれども、その脱し方の程度を言えば、日本はいまだにこれに近く、イギリス・アメリカはこれから遠く離れている、と言わざるをえない。

イギリス人、アメリカ人が、欲張りでなかったりケチでなかったり傲慢でなかったり贅沢でなかったりするわけではない。粗野で乱暴なところもある。あるいはウソをつく者もいるし、あるいはだます者もいる。その風俗は決して美しくよいものでないけれども、ただ陰湿にうらむことについては、はっきりわが国と異なっているようだ。

いま世の中の識者には、国会の開設要求を出している者もいるし、出版自由の主張をする者もある。それぞれについてのメリット・デメリットの話は、しばらくおくとして、この議論が起こってきたそもそもの原因を考えてみよう。識者は、いまの日本国中をむかしの御殿のようにさせず、いまの人民をむかしの御殿女中のようにさせず、うらむかわりに活動させて、嫉妬の念を絶って、互いに競い合う勇気を出させ、幸福も不幸も名誉も不名誉もことごとく自力でこれを獲得できるようにさせたいのだろう。つまり、世間中の人をいい意味での「自業自得」にするということをその趣旨としているのだろう。

言論の自由を邪魔し、行動の自由を妨害する、というのは、ちょっと聞いたぶんには、ただ政府だけに関係した、政治上での病根のように思うかもしれないが、これは必ずしも政府のみに関係した話ではない。人民の間でも行われて、毒を流すことが最も大きいものであるから、政治だけ改革したところで、その原因を除くことにはならない。いま、この編の終わりに、政府以外のことについてももう少し補足の説明をしておこう。

†自由な人付き合いの力

元来、人間の本性というものは付き合いを好むものだが、習慣によっては、かえってこれを嫌うようにもなる。世に奇人変人として、わざわざ辺鄙《へんぴ》なところに住んで、世の中との交際を避ける者がいる。これを隠者という。あるいは、真の隠者ではなくても、世間の付き合いを好まず、家の中に閉じこもって、「俗世間の塵《ちり》を避ける」などといって得意になっている者もいないではない。

こういう人たちの思いを察するに、必ずしも政府のやり方を嫌って引きこもっているわけではなさそうである。その心が臆病で弱く、物事に接する勇気がなく、その度量が狭くて、人を受け入れることができない人たちなのだ。人を受け入れられなければ、向こうもこっちを受け入れてはくれないので、向こうは一歩遠ざかる。こちらも一歩遠ざかる。とどんどん遠ざかって、最後には互いに違った者同士となる。その後は、敵同士のようになってうらみを抱きあうようになることもある。世の中にとって、大きなわざわいである。

また、人間の付き合いの中で、面識のない相手のやったことを見る場合、もしくは、その人の言ったことを遠くから伝え聞いて、それがわずかでも自分の考えと合わない場合などには、互いをいたわりあう気持ちが生まれず、かえって相手を嫌いになって過剰に憎むということも多い。これもまた、人間の本性と習慣によるものだ。

物事の相談では、伝言や手紙ではうまくいかなかったことでも、実際に会って話してみるとまるく治まることがある。また、「実はこういうわけなんだけど、まさか面と向かっては言えないしなあ」というような言葉がよく聞かれる。これは人間の真実の気持ちである。人間には相手を思って我慢する心があるのだ。我慢の心があれば、お互いの気持ちは通じ合って、怨望嫉妬の念はたちまち消えてしまう。

世に暗殺の例は絶えないが、私はいつも言っている。「もし機会があって、殺そうとしている者と殺されそうになっている者とを、数日間同じところにおいておき、互いに隠し事をなしにして、本当の気持ちを告白させれば、どのような敵同士でも、必ず仲良くなる。それだけでなく、あるいは無二の親友になることだってあるだろう」と。

以上のように考えれば、言論の自由を邪魔し、自由な行動を妨げるのは、ただ政府だけに関係した病気ではない。日本全国の人民に流行しているものであって、学者といえどもこれからは免れない。人生を活発に生きる気力は、物事に接していないと生まれにくい。

自由に言わせ、自由に行動させて、財産も、社会的地位も、それぞれが自分で獲得できるようにして、まわりがそれを妨害してはならないのだ。

（明治七年十二月出版）

第14編 人生設計の技術

心の棚卸し

†人間は自分で思っているより愚かなことをする

人間が世の中を渡っていくようすを見てみると、自分で思っているよりも案外悪いことをし、自分で思っているよりも案外愚かなことをし、自分で目指しているよりも案外成功しないものである。

どんな悪人であっても、生涯一生懸命悪事だけをやっていこう、と思うものはないだろうが、物事に出会ってふと悪の心が生じて、自分自身でも悪いことだと知っていながらそれを行い、それにいろいろと身勝手な理由を付けてムリヤリ自分を納得させている者がいる。

あるいは物事をなすにあたっては、決してこれを悪事とは思わず、ちっとも心に恥じることはないどころか、本心からよいことをしていると信じて、他人に意見などされればそれを怒ったりうらんだりしていても、年月を経て後から考えてみれば、おおいに自分の不行き届きであって、心に恥じることもある。

また、人の性質には、賢い・愚か、強い・弱いの区別があるが、それにしても、まさか自分を動物以下の知能の持ち主と思う者はないだろう。だから、世の中にあるさまざまな仕事を見分けて、これだったら自分でもできると思って、自分相応にその仕事を引き受けるのだ。けれども、実際にやってみると、思いのほかにミスも多く出て、最初の目標を誤り、世間にも笑われて、自分でも後悔することが多い。

成功を企てながら失敗する者を傍から見ていると、実に抱腹絶倒のバカをやっているようにも思えるけれども、それを企てた本人は必ずしもそれほど愚かでもなく、よくよく事情を尋ねてみれば、それぞれにまたもっともな理由があるものだ。結局、世の中の事情の変化は生き物であって、前もってその動きを知ることは簡単ではない。そのため賢い人間でも、案外バカなことをしてしまうのである。

†多くの人は事の難易度と時間のかかり方を計算しない

また、人間が計画を立てるときは、常に大きくなりがちであって、事の難易度、大小や、かかる期間の長さを比較することは、たいへんに難しい。

フランクリン（一七〇六―九〇）は言っている。「十分だ、と思っていても、実際に事に当たれば、必ず不足を感じるものだ」と。この言葉は、まさにそのとおり。

大工に工事を言いつけ、仕立屋に服を注文すると、十中八九までは、その期限を過ぎる。これは大工や仕立屋といった人たちが、意識して遅らせるという不埒《ふらち》を働いたわけではない。最初の段階で、仕事の内容とかかる時間を精密に比較しなかったため、はからずも約束違反となってしまっただけなのだ。

世間の人が大工や仕立屋を責めるのは珍しくない。また、これを責めるのにも理由がないわけではない。大工や仕立屋は常に恐れ入って、それを責める注文者はよく道理のわかった人物のように見える。けれども、その注文者自身は、自分が引き受けた仕事について、果たして期日を守ったことがあるのだろうか。

田舎の書生で、故郷を出るとき「苦しい思いをしてでも三年の内には学問を修めよう」と思っていた者が、その誓いを守れるだろうか。無理な算段をしてまで買った待望の原書を、「三か月以内に読破する」と思っていた者が、果たしてそのとおりにできるだろうか。志の高いインテリが、「私が政府で仕事をすれば、この事務はこのようにし、あの改革はあのように処理して、半年の間に政府をガラリと変えてみせる」と考えて、再三意見書を出した後、ようやく念願かなって政府仕えになったとき、果たして考えていたとおりにできるだろうか。「おれに大金があったら、明日にでも日本全国に漏れなく学校を作って、どんな家の人間でも学問させてやるのになあ」と言う貧乏学生を、今日、いい縁があったということで三井や鴻池《こうのいけ》といった大財閥の養子にすれば、果たして言ったとおりのことをやってくれるだろうか。

この類の夢想は枚挙に暇《いとま》がない。すべて、物事の難易度と時間の長短を比較できていない結果だ。時間の計算は甘すぎるし、物事を簡単に見すぎている。

また、世間で事を企てている人の言葉を聞くに、「一生のうちに」だとか、あるいは「十年内にはこれを成す」という者は最も多い。「三年のうちに」「一年のうちに」という者はやや少なくなり、「一月のうちに」「今日計画して、いままさにやる」という者は、ほとんどいない。「十年前に計画していたことは、もうすでにやり終わったよ」というような者に至っては、いまだお目にかかったことがない。

このように、将来に長い期限をとって言うときには、たいそうな事を計画しているようだけれども、期限がだんだん近くなって、今日明日とせまってくるにしたがって、その計画の経過をはっきりと言えないということは、結局、事を企てるに当たって、時間のかかり方を計算に入れないことから生じているのである。

†棚卸しのススメ

以上論じたように、人生というものは、思いのほかに悪事をなし、思いのほかに愚かなことをやり、思いのほかに事を成さないものなのである。

このような不都合を防ぐための手段はいろいろあるのだが、いまここにあまり人の気づかない一方法がある。何だろうか。それは、**事業の成否・損得について、ときどき自分の心の中でプラスマイナスの差し引き計算をしてみることである。**商売でいえば、棚卸しの決算のようなものだ。

だいたい商売において、最初から損をしようなどと考える者はいない。まず、自分の能力と元手とを考え、世間の景気を察して事をはじめ、さまざまに変化する事情に応じて、あるものは当たり、あるものははずれ、この仕入れでは損をし、あの売りさばきでは利益を出し、一年または一か月の終わりに決算をするときには、見込みどおりになったものもあり、おおいに見込み違いになったものも出る。

あるいは、非常に売行きがよいときには、必ず利益が出る、と思っていた品物について、棚卸しの決算書を見ると、案に相違して損失になっていることがある。あるいは、仕入れのときには品物不足と思っていた物について、棚卸しのときに在庫を見ると、売りさばくのに案外の時間がかかって、仕入れが多すぎたことがわかる。したがって、商売においてたいへん緊要なのは、普段から精密な帳簿を付けて、棚卸しの決算を間違えないことにあると言える。

ほかの事についても事情は同様だ。人生という商売は、十歳前後の人間らしい心ができたときからはじめたものであるから、普段から知性や人格、事業の帳簿を精密につけて、損失が出ないように心がけていなければならない。

「過去十年間は、何を損して何を得たのか。いまは何の商売をやって、その繁盛のようすはどうか。いまは何を仕入れて、いつどこでこれを売りさばくのか。ここ数年、心の店の取り締まりは行き届いていて、遊び癖や怠け癖などという店員のために、損失を出したことはないか。来年も同じ商売を続けていて大丈夫か。ほかにさらに知性や人格を磨く工夫はないか」とあれこれの帳簿を点検して、棚卸しの決算をすることがあれば、過去現在の自身の状態について、きっと不都合なところも見つかるだろう。

その例を一つ二つ挙げよう。

「貧乏は武士の常だ。それよりも大切なのは、忠義を尽くして国に報いることである」などといって、みだりにお百姓さんの作った米を食いつぶして得意な顔をし、いま現在事業に失敗して困っている者がいる。これは、外国製のピストルがあるのを知らないで、刀剣を仕入れ、一時の儲けで、あとで在庫に後悔するようなものである。

和漢の古い書物だけを研究して、西洋の日々進歩する学問に目を向けず、古い価値を信じて疑わなかった者がいる。これは、過ぎ去った夏の暑さを忘れずに、冬のはじめに蚊帳を買い込むようなものである。

青年の書生が、学問も未熟なうちに、小役人になることを望んで、一生その地位でうろうろするのは、仕立て途中の服を質屋に入れて流してしまったようなものである。

地理や歴史の初歩も知らず、日常の手紙もろくに書けないうちに、むやみに高いレベルの本を読もうとして、はじめの五、六ページで挫折し、また別の本にうつるのは、元手なしに商売をはじめて、日ごとに業種を替えるようなもの。

和漢洋の本を読みながら、日本や世界の情勢を知らず、自分自身の家計にも苦しむ者は、ソロバンなしの雑貨屋をやるようなものである。天下を治めることを知って、わが身を修めることを知らない者は、隣の家の家計簿に口出ししながら、自分の家が盗賊に入られたのを知らないようなものである。口には最新流行のことを言いながら、心でしっかり理解しているわけでもなく、自分自身がどうであるかということを考えない者は、売り物の名前は知っているけれども値段を知らないようなものである。

こうした不都合は、いまの世の中珍しくない。その原因はと言えば、ただ流れに任せて生きているだけで、かつて自分自身の有様を反省したこともなく、「生まれていままで自分は何事をなしたか、いまは何事をなしているか、今後は何事をなすべきか」と、自身の点検をしなかったことによる。

だから言う。商売の状態を明らかにして、今後の見通しを立てるものは、帳簿の決算だ。自分自身の有様を明らかにして、今後の方針を立てるものは、知性と徳と仕事の棚卸しなのだ。

世話の意味

†「保護」と「指図」の範囲は一致させよ

「世話」という言葉には二つの意味がある。一つは「保護」という意味、もう一つは「命令」の意味である。

保護というのは、人がやることについて、傍で見守っていてこれを防ぎ護り、あるいはこれに物や金を与え、あるいはこの人のために時間を費やし、その人が利益や面目を失わないように世話することである。

命令というのは、その人のために考えて、その人の利益になるであろうことを指図して、ためにならないと思われることには意見をし、心から親切に忠告することだ。これもまた世話という言葉の意味である。

以上のように、世話という言葉に保護と命令との両方の意味を込めて人の世話をするときには、真によい世話であって、世の中はまるく治まるだろう。たとえば、父母が子どもにするように、衣食を与えて保護の世話をすれば、子どもは父母の言うことをよく聞いて指図を受けて、親子の間に不都合なことはないだろう。

また、政府の場合は、法律を作って国民の生命と面目と財産を大切に取り扱って、一般の安全をはかって保護の世話をし、人民は政府の命令にしたがって、指図の世話に背かなければ、政府と国民の間もまるく治まるだろう。

したがって、**保護と指図とは、究極的には両方とも一緒のものなのだ。また、その範囲はぴたりとして寸分の狂いもあってはならない。**保護が至るところには、すなわち指図がおよび、指図がおよぶところは、必ず同時に保護が至るところでなければならない。

もしそうならずに、この二つの範囲を誤り、わずかなズレが出ることがあれば、たちまち不都合が起こってわざわいの原因となるだろう。世間にその例は少なくない。それは、思うに、世の中の人が世話の意味について常に思い違いをしており、ある人は保護の意味にとり、ある人は指図の意味にとっているからだ。偏った理解をしてその全体の意味を知らないことによって、大きな間違いに至ったのだ。

たとえば、父母の指図を聞かない道楽息子にむやみに金を与えて、その遊びや道楽を助長するのは、保護の世話は行き届いてはいるが、指図の世話は行われていないものである。一方、子どもは身をつつしんで勉強して父母の命令にしたがっているのに、この子どもに対して十分な衣食も与えず学問も身につけさせないのは、指図の世話のみをして、保護の世話を怠ったものである。一方は親不孝であり、他方は愛情に欠けている。両方とも、人間の悪事である。

古人の教えに「朋友に屢《しばしば》すれば疎んぜらるる」というのがある。これは、「忠告を受け入れてくれない友人にむかって余計な親切心を出し、相手の性格も知らないのに、あつかましく意見などをするとどうなるか。最後にはかえって愛想をつかされて、その友人からは嫌われ、あるいはうらまれ、バカにされて、実際何の得にもならなくなる。だから、適当なところで距離をおいて、こちらからは近づかないようにするのがよい」ということである。これもすなわち指図の世話が行き届かないところには、保護の世話をおよぼしてはいけない、ということなのだ。

また、昔かたぎで、田舎の老人が古い家系図を持ち出して、うちが本家だといって、分家のことに口を出すことがある。あるいは金もない叔父さんが、実家の甥を呼びつけて、その家事についてあれこれ指図をして、その薄情さを責め、その不行き届きをとがめ、ひどいのに至っては、死んだ祖父さんの遺言だ、と言って甥の家の財産を奪おうとする。このようなものは、指図の世話は厚すぎて、保護の世話などあとかたもないものだ。いわゆる「大きなお世話」とはこのことである。

また、世の中では、「貧民救済」などといって、その相手の人物の良否を問わず、その貧乏の原因を考えず、ただ貧乏な有様を見て、食料や金を援助することがある。身寄りがなく頼る相手がいない者に対しては援助ももっともであるけれども、五升の米をもらったら三升を酒にして飲んでしまう者もいるのだ。禁酒の指図もできないのに米を与えるのは、指図が行き届かないところに度を越した保護を与えるものだと言える。「大きに御苦労」とはこのことだ。イギリスなどでも、貧民対策に悩むのは、ここのところだということである。

この理屈を押し広げて、一国の政治上に応用すれば、人民は税金を出して政府に必要な費用を負担し、その財政を保護するものである。なのに、専制政治を行って、人民の意見を少しも採用せず、またその意見を言う場所もないというのは、これは保護の方は達成されているけれども、指図の道がふさがっているものである。人民にとっては、大いにご苦労様といったところだ。

この類の例をほかに挙げれば、枚挙に暇がない。

この「世話」の意味は、経済論の中でも最も大切なことだから、人間が世間を渡っていくにおいて、職業の別、事態の重要性にかかわりなく、いつでも注意しておく必要がある。この話は計算ずくで、いかにも薄情なように見えるかもしれない。しかし、薄くするべきところを無理に厚くして、あるいは事実薄いものを名だけ厚いかのように取りつくろおうとして、かえって本当の人情を害し、人間社会を苦々しいものにすると、名を求めて実を失うことになるのだ。

†個人的道徳と経済

以上のように論じたものの、誤解する人があるといけないので、念のためいくつか言っておく。

道徳的な教えには、経済の法則と相反するものがあるかもしれない。しかし、個人的な道徳は、天下の経済に何も響くものでもないだろう。

見ず知らずの乞食に金を投げ与え、あるいは貧乏人の哀れむべき姿を見れば、その人の経歴は問わずして、多少の物を与えることがある。これは保護の世話なのだけれども、別に指図の世話とセットになっているわけではない。

考え方を窮屈にして、ただ経済上の公共的観点からこれを論じれば不都合なように思えるけれども、個人の道徳において、このような恵みの心は最も貴く、最も賞賛に値するものである。

たとえば、乞食を禁止するという法律は、もちろん公明正大なものだけれども、それぞれの個人が乞食に物を与えようとする心情はとがめなくてよろしい。人間なんでもソロバンずくで決めるものではない。ただ、それを用いるべきところと用いてはならないところとを区別することが重要なのだ。世の中の学者は、経済の公的な論に酔って、人を思いやる私的な道徳を忘れることのないように。

（明治八年三月出版）

第15編

判断力の鍛え方

疑った上で判断せよ

†文明は疑いが進歩させる

信じることには偽りが多く、疑うことには真理が多い。

試しに見てみよ。世間の愚か者たちは、人の言葉を信じ、本に書いてあることを信じ、俗説を信じ、ウワサ話を信じ、神仏を信じ、占いを信じる。両親の大病に按摩《あんま》の言うことを信じて草の根や木の皮を薬として使い、娘の縁談に家相を信じていい話を断る。病気で熱が出ているのに医者にかからず念仏するのは、阿弥陀如来を信じているからである。二十一日間の断食をして命を落とすのは、不動明王を信じているからである。

このような社会に、真理が多いか少ないか、と言われれば、多い、とはとても言えない。真理が少なければ、偽りが多くならざるをえない。人民は、何かを信じているといっても、実は偽りを信じているのではないか。だから言うのだ。「信じることには偽りが多い」と。

文明の進歩は、この世にある形ある物についても、あるいは形のない社会的な物事についても、その働きの元を探究して、真実を発見することによる。西洋諸国の人民が、今日の文明に達した原因も、すべて「疑うこと」というこの一点から出ているのだ。

ガリレオ（一五六四―一六四二）が天動説を疑って地動説に到達し、ガルヴァーニ（一七三七―九八）がカエルの脚の痙攣《けいれん》を見て動物電気を発見し、ニュートン（一六四二―一七二七）がリンゴが木から落ちるのを見て重力の理論に疑いを起こし、ワットがヤカンから出る湯気を見て蒸気の働きに疑いを持ったように、いずれもみな疑いという道を通って真理の奥に到達したのだ。

自然科学だけでなく、社会の進歩について見てみても、また同様である。

奴隷制度の正しさを疑って、後の世界にひどい害悪の元を残さなかったのは、トーマス・クラークソン（一七六〇―一八四六）のおかげだ。ローマ・カトリックの迷信を疑って宗教改革を起こしたのは、マルチン・ルター（一四八三―一五四六）である。フランスの人民は貴族が栄える世の中に疑いを起こして、革命をはじめ、アメリカの人民はイギリスの法律に疑いをいれて、独立を成しとげた。

今日においても、西洋の大学者たちが日ごとに新しい説を唱えて、人を文明の世界に導いていくようすを見ると、その目的は、ただ、古人が間違いなく正しいと言っていた論に反論し、世間で疑う余地がないとされている習慣を疑うことにある。

いまの社会で、男は外で働くもの女は家を治めるものとされて、この関係はほとんど自然のもののようにされているけれども、J・S・ミル（一八〇六―七三）は、『婦人論』という本を書いて、永久に変わらないとされてきたこの習慣を打破することを試みている。イギリスの経済学者では、自由貿易に賛成する者が多く、これを信じる者は、それがあたかも世界のどこでも通用する説として確立されているかのように言うけれども、アメリカの学者には保護貿易を唱えて、自国一国の経済学説を主張する者がいる。

ある議論が出れば、それに対してほかの説が出てこれに反論し、異論争論がおさまらない。アジア人が、迷信を信じてまじないや神仏におぼれたり、聖人賢者の言葉を聞いてそれに一時的に共感するだけではなく、ずっと後世になってもその言葉に縛られたままになっているのに比べれば、その品格、志のあり方は、到底比べものにならない。

異論を出して議論し、事物の真理を求めるのは、まるで逆風のなか船を進めるようなものだ。右に左に、波に揺られ風に逆らい、数百キロの航海でも、目的地までの進み具合からすれば、わずかに十、二十キロにすぎない。航海では、しばしば順風を利用できるけれども、社会的な事象については、決してそういうことはない。しかし、社会が進歩して真理に到達するには、この異論を出して議論する以上の方法はないのだ。そして、そこで争われる説というのは、疑いの一点を原因として生まれてくるのだ。

「疑うことに真理が多い」とは、以上のことを言ったのである。

†判断力を養うのは学問

とは言っても、物事を軽々しく信じてはいけないのならば、またこれを軽々しく疑うのもいけない。**信じる、疑うということについては、取捨選択のための判断力が必要なのだ。学問というのは、この判断力を確立するためにあるのではないだろうか。**

わが日本においても、開国以来急激に人心が変わって、政府を改革し、貴族を倒し、学校を起こし、新聞社を作り、鉄道・電信・兵制・工業など、多くの物事について古い制度を改めたのは、いずれもみな数千百年以来の習慣に疑いをいれて変革を試み、それに成功したものと言える。

そうは言っても、日本の人民の精神において、この数千年の習慣に疑いをいれさせた原因は、と考えると、開国して西洋諸国と交際し、文明の有様をみてすばらしさを信じ、これを見習おうとして自分たちの古い習慣を疑ったのだから、自発的に疑いを起こしたとはとても言えない。

ただ、以前、古い習慣を信じていたように、いまは新しいことを信じているのであって、むかしは東洋を信じていたのが、いまはその対象が変わって西洋になっただけなのである。その信疑の判断力ということについては、果たしてきちんと備わっているのかどうか怪しい。

私は、学も浅いし見聞も広くないので、それぞれのケースについてきちんとした判断の基準を示すことはできない。たいへん申し訳ない。けれども、世の中の大まかな動きを見てみるに、世間の人はこの動きに乗せられて、信じる者は信じすぎ、疑う者は疑いすぎて、両者のバランスを失った者がいるのは明らかである。以下そのようすを述べる。

†西洋文明を盲信する人たち

東西の人民は、風俗も別だし、心情も異なる。数千百年の長きにわたってそれぞれの国土で行われた習慣は、たとえ利害のはっきりしたものであっても、急に一方を他方に移すことのできるものではない。まして、利害がまだよくわからないものについては、もちろんである。

あるものを採用しようとすれば、ゆっくり時間をかけて考え、だんだんとその性質を明らかにしてから、取捨選択を判断すべきである。なのに、最近の世の中のようすを見ると、中程度以上の改革者たち、あるいは西洋かぶれの先生方は、口を開けば西洋文明のすばらしさを唱え、ひとりがこれを言えばみなそれに倣い、およそ知識道徳の教えから、政治・経済・衣食住のこまごまとしたことに至るまで、すべて西洋のやり方を慕って、これを手本にしないものはない。

あるいは、いまだ西洋の事情がどうなっているかまったくわからないものについてまで、ひたすら古いものを捨てて、新しいものを求めているようだ。なんと、物事を信じるのに軽々しく、疑い方の粗忽《そこつ》なことよ。

西洋文明は、たしかにわが国の文明を上回ること数段上だが、決して完璧な文明というわけではない。欠点を数えれば、枚挙に暇がない。西洋の風俗を、ことごとくすばらしいものとして信じてはならない。わが国の風俗を、ことごとくダメなものとして疑ってはならない。

たとえば、ここにひとりの若者がいるとしよう。ある学者先生に心酔して、それに倣おうとして突然その志を改め、本を買い、勉強道具を揃えて、日夜机に向かって勉強するのは、もちろんとがめるべきことではない。いいことである。

しかし、この若者が先生をまねるあまりに、先生が夜ふかしをして朝寝をする習慣までも学んで、健康を害することがあれば、これは賢い者のやることではない。若者は、先生をみて完璧な学者だと思い、そのやることなすことそれぞれのいい悪いを考えずに、すべてそれをまねしようとして、この不幸におちいったのだ。

中国のことわざに「西施《せいし》の顰《ひそみ》に倣う」というものがある。美人が眉をひそめて顔をしかめる表情には独自の魅力があるのでこれをまねしたのだから、それほどとがめるべきことではないが、学者の朝寝に何の魅力があるだろう。朝寝はすなわち朝寝であって、なまけと不養生の悪事である。人を慕うあまりにその悪事に倣うというのは、笑うべきことはなはだしいものがある。

けれども、いま世間の西洋かぶれの先生方には、この若者のような人が少なくないようである。

仮にいま、東西の風俗習慣を取り替えてみて、西洋かぶれの先生に評論してもらったとしたらどういうことを言うか、以下想像して書いてみよう。

西洋人は毎日風呂に入るが、日本人が風呂に入るのは月にわずか一回か二回。西洋好きな先生はこれについてはこう言うだろう。「文明が開けたところの人民は、よく風呂に入って皮膚の蒸発を促して衛生を保つ法を守っているのに、未開の日本人はこういう理屈を知らない」。

日本人は寝室に尿瓶《しびん》をおいてこれに用を足しトイレでも手を洗わないのに、西洋人は夜中であっても起きてトイレに行き、どんなことがあっても必ず手を洗う、ということであれば、こう言う。「文明人は清潔を重んじるのに、未開人は不潔がどんなものであるかも知らない。知識の発達してない子どもが、きれい汚いを区別できないのと変わらない。しかし、こういう人民であっても、次第に文明の世界に入ってくれれば、結局は西洋のよい習慣をまねることもあるだろう」。

西洋人がちり紙で鼻をかんで使うたびにこれを捨てるのに対し、日本人が紙の代わりにハンカチを使い、使っては洗濯し洗濯しては使う、ということであれば、たちまち理屈をひねり出して、こんな細かいことから経済論の大議論にこじつけて以下のように言うだろう。「資源の乏しい国においては、人民は知らず知らずのうちに節約するようになることがあるものだ。日本全国の人民をして、西洋人のようにちり紙を使わせれば、国の資源のいくらかを浪費してしまうだろう。不潔なのを我慢して布を使うのは、資源が足りないからやむをえず節約に追い込まれているといわなければならない」。

日本の女性がピアスをし、下腹部をコルセットで締めつければ、生理学上の理屈を持ち出して、顔をしかめて言うだろう。「ひどいもんだなあ。未開人というのは、道理を知って自然にしたがうことを知らないだけではなく、ことさらに肉体を傷つけて耳に荷物をかけ、女性の体のうちでも最も大切な下腹部を締めつけて蜂の腰のようにし、妊娠の機能を妨げて出産の危険を増やしている。そのわざわいは、小さくは一家の不幸となるし、大きくは全国の人口増に害があるのに」。

西洋人は家の内外で鍵をかけることが少なく、旅をするときは人を雇って荷物を持たせ、その荷物にも錠前がないのに物を盗まれることがない。あるいは大工や左官のような職人に工事を請け負わせても、契約書のような細かい文書を使わないのに、後日、その件で訴訟を起こしたりすることはまれである。一方、日本人は家の中の一室ごとに戸じまりをし、手元の箱にまで鍵をかけ、工事の請け負いの契約書は一字一句をあれこれ議論して作りながら、それでも物を盗まれる。あるいは、契約違反のことについては、多く裁判所に訴えがある。そうなっていたら、こう嘆くだろう。「キリスト教の、ありがたいことよ。それに比べて、異教徒の気の毒なことよ。日本人はまるで盗賊といっしょに住んでいるようなものだ。西洋諸国の自由で正直な風俗とは比較にならない。実に、キリスト教の広まった国土でこそ、道に落ちたものも拾われない、という最高の状態が実現するのだ」。

日本人が煙草を噛み、紙巻きの煙草をすって、西洋人が煙管を使っていたら、「日本人は技術がないから、まだ煙管も発明できないのだ」と言うだろう。日本人が靴をはいて、西洋人が下駄をはいていたら、「日本人は足の指の使い方も知らない」と言うだろう。

味噌も船来品だったら、ここまで軽蔑されないだろう。豆腐も西洋人の食卓に出れば、いっそう評判がよくなるだろう。鰻の蒲焼き、茶碗蒸しなどに至っては、世界第一の美味として評価されるだろう。こういうことは数え上げていけばキリもない。

ちょっと話を高尚にして、宗教を例に挙げてみよう。

四百年前、西洋に親鸞《しんらん》が出て、日本にルターが出たとする。親鸞は、西洋に広まっていた仏教を改革して浄土真宗を広める。ルターは、日本にあるローマ・カトリックに敵対してプロテスタントの教えを開く。そうすると、西洋かぶれの先生は必ずこう言うだろう。

「宗教の大目的は、人類を救うことにあって人を殺すことにあるのではない。この趣旨を間違えれば、そのほかがどうであろうとダメだ。西洋の親鸞は、よくここの精神を体現して、石を枕にして野宿し、苦難を乗り越え、生涯の力を尽くしてついにその国の宗教を改革し、今日に至っては全国人民の大半を教化した。その教化はこのように広大ではあったけれども、親鸞の死後、その教えにしたがった者は、宗教のことで他宗の者を殺したこともなかったし、殺されたこともなかった。これはもっぱら宗教の徳で教化をなしとげたと言える。一方、日本のようすを見れば、ルターがひとたび世に出てローマ・カトリックに敵対したといっても、カトリック教徒は容易にこれに屈しなかった。カトリックは虎のごとく、プロテスタントは狼のごとく、お互いに闘って血を流した。ルターの死後、宗教のために殺された日本の人民、費やされた国の財産、内戦が起き国が滅んだそのわざわいは、とても筆にも口にもおよびがつかない。野蛮な日本人のなんと殺伐としたことか。人類救済の教えによって、人間という尊いものを塗炭の苦しみにおとしいれ、敵を愛する教えによって、罪もない人間を殺し、今日に至っての成果はと言えば、プロテスタントは日本人民の半分も教化できていない。東西の宗教の趣が違うことは以上のようなものだ。私はこれについて、疑問をもってずっと考えてきたのだが、そのたしかな原因というのはいまだにわからない。わが日本のキリスト教も西洋の仏教も、その性質というものは一緒なのだが、野蛮な国で広められれば自然と殺伐した気風を生むし、文明国で広まれば自然に温厚な気風があるのでこうなるのだろうか。それとも、東洋のキリスト教と西洋の仏教とは、そもそも本質的に違った宗教なのか。あるいは、改革者である日本のルターと西洋の親鸞のそれぞれ徳に優劣があったのか。浅い考えで勝手に判断はできない。後世の博識な人の確かな説を待つのみである」。

†学問する者のつとめ

ということであれば、いまの改革者たちが、日本の古い習慣を嫌って西洋の事物を信じるのは、まったく軽々しく信じ、軽々しく疑うものという非難を免れない。古いものを信じていたように新しいものを信じ、西洋文明を慕うあまりに、一緒にその顰みや朝寝の癖をも学んだものというべきである。

さらにひどいのになると、信じるべき新しいものをまだ知らないうちから、早くも古いものを捨てて、まるでカラッポになってしまい、精神の安定を失ってついには発狂する者も出現するに至る。哀れむべきことだ。

西洋文明はもちろん慕うべきである。けれども、これを慕ってこれをまねて、いくら時間がないとはいえこれを軽々しく信じるよりは、信じない方がまだマシである。

西洋が豊かで強いことは、まことにうらやむべきことである。しかし、その人民の間にある貧富の格差まではまねしてはいけない。日本の税金が低いというわけではないが、英国の民衆が地主にしいたげられている苦痛を思えば、かえって日本の農民の有様をめでたいと思わないわけにはいかない。西洋諸国で女性が尊重されているのは人間世界の中でもすばらしいことではあるけれども、困った妻が思いのままに夫を苦しめ、不良娘が両親を軽蔑して素行が悪いのに心酔してはいけない。

であれば、いまの日本に行われている事物は、果たしていまのままで当を得ているのか、会社の法はこれでいいのか、政府の仕組みはいまのままでいいのか、教育制度はこのままでいいのか、書物のあり方はこれでいいのか。それだけではない。いまのわれわれがやっている学問のあり方も、今日のようなやり方でいいのだろうか。こういうことを考えると疑いが次々生まれて止まらなくなり、まったくといっていいほど暗中模索である。

このように雑然とした混乱の中にあって、東西の事物をよく比較して、信ずべきことを信じ、疑うべきことを疑い、取るべきところを取り、捨てるべきところを捨て、それをきちんと判断するというのは、なんとも難しいことである。そして、いまこの仕事を任せられるのは、ほかでもない、唯一われわれのように学問をするものだけなのだ。学問をする者はがんばらなくてはならない。

孔子も「自分であれこれ考えるのは、学ぶことにはおよばない」と言っている。多くの本を読み、多くの物事に接し、先入観を持たずに鋭く観察し、真実のありかを求めれば、信じることと疑うことはたちまち入れ替わって、昨日信じていたことが疑わしくなることもあるだろうし、今日の疑問が明日氷解することもあるだろう。学問をする者はがんばらないといけない。

（明治九年七月出版）

第16編　正しい実行力をつける

手近な独立の達成

†独立には二種類ある

最近、世間の話の中でも「不羈《ふき》独立」という言葉を聞くようになったけれども、ずいぶん間違った理解をしているものもある。それぞれの人が、この言葉の本当の意義をよく知らなければならない。

独立には二種類ある。一つは、形のあるもの。もう一つは、形のないものである。さらにわかりやすく言えば、品物についての独立と、精神についての独立との二種類の区別である。

品物についての独立とは、世間の人がそれぞれ財産を持ち、それぞれの仕事をして、他人の世話や厄介にならないように、自分と自分の家の始末をすることである。一言でいえば、人に物を貰わないということだ。

形ある独立は、このように目にも見えてわかりやすい。一方、形のない精神の独立に至っては、その意味は深く、その関連するところは広くて、一見独立ということとは無関係と思われることであっても、実はその意義を持っているものがあったりするので、これについては、多くのものが間違いをする。

細かいことになるが、以下にその例を挙げてみよう。

†物に支配される人々

「一杯、人、酒を呑み、三杯、酒、人を呑む」ということわざがある。このことわざを解説すれば、「酒を好む欲望の方が人間の本心を支配し、その独立を邪魔する」という意味になる。

今日、世の人々の行いを見てみると、本心を支配しているのは何も酒だけではない。数え切れない事物があって、本心の独立を妨げることがたいへん多い。

この着物には合わない、といってあの羽織をつくり、この衣装と釣り合わない、といってあの煙草入れを買い、衣服がすでにそろったら、今度は家が狭いのも不自由だとなり、家が立派になれば、宴会をしないのも不都合ということになる。鰻丼を食べれば、今度は西洋料理が、となり、西洋料理の次は金時計が欲しくなり、これからあれへという調子で一から十へと進み、だんだんと進んで限りがない。

これでは、物が人を使って物を求めさせ、人間は物の支配を受けてその奴隷になっている、というべきだ。一家の内に主人がなく、身体の中には精神がないようなものである。

これよりももっとひどいことがある。

前の例は、品物の支配を受けるとはいっても、その品物は自分の持ち物である。しょせん自分の家の中でだけ奴隷になっているにすぎない。しかし、さらに他人の持ち物の奴隷になる、という例もあるのだ。

ある人がこの洋服を作ったので、私もこれを作る、と言う。隣が二階建てにしたので、うちは三階建てにする、と言う。友人の物は自分の買い物の見本になり、同僚のうわさ話が自分の注文書の下書きになる。おれのように色の黒い大男の指に金の指輪は似合わないだろうなあ、と自分でも知っていながら、これも西洋人の習慣だから、と無理に気を取り直して奮発する。暑い夏の夕方、風呂上りには浴衣《ゆかた》に団扇《うちわ》がいちばん、と思いながらも、西洋人のまねをしなくては、ということで我慢してスーツを着て汗を流す。ひたすら他人と趣味があっているかどうかだけを気にしている。

その笑うべき極致としては、他人の持ち物を誤認してそれに振り回されることすらある。隣の奥さんが上等な縮緬《ちりめん》に純金のかんざしを持っている、と聞いておおいに心を悩まし、われもわれもと注文したところ、後でよくよく見てみると、なんと隣の家の品物は綿縮緬に金メッキだった、ということだ。

このような例では、自分の本心を支配しているのは、自分の持ち物ではなく、また他人の持ち物でもなく、つまりは煙のごとき夢中の妄想であって、自身の生計がこの妄想に左右されているということになる。独立した精神からは多少の距離がある。どれくらいあるかは、各自よくお考えください。

このような妄想的世渡りに心を労し、体を疲れさせ、一千円の年収［当時は大金］も百円の月給［同上］も、あとかたもなく使い果たした上、不幸にも財産か職を失えば、無気力で間抜けのようになってしまう。家に残るものはと言えば、役に立たないあれこればかり。身についたものと言えば、贅沢の習慣だけ。気の毒と言っても言い足りない。財産を作るのは、一身独立のための基礎になる、と言って心身ともに苦労しながら、その財産を使うに際してはかえってその財産に支配されて、独立の精神を完全に失ってしまうとは、独立を求める手段によって独立そのものを失ったと言える。

あえて守銭奴の行いをほめようというのではないけれども、金の使い方を工夫し、金を制して金に制せられず、精神の独立を少しでも損なうことがないように、と思って以上のように言う次第だ。

心と働きのバランスをとれ

†議論と実行とは異なる

「議論と実行とは両立させなければならない」とは多くの人が言うことだけれども、この言葉自体が議論にとどまり、これを実行する人はたいへん少ない。

そもそも議論というのは、心に思うことを言葉として発したもの、あるいは、書き記したものである。いまだ言葉にせず書き物にもしなければ、これをその人の心事、または志という。したがって、議論は外界の事物に関係しないもの、と言ってもいいだろう。つまるところ、内側に存在するものであって、自由な、制限のないものである。

一方、実行というのは、心に思ったことを外に表して、外界の事物に接して処理することである。したがって、実行には必ず制限がある。事物に制せられて、自由を得られないのだ。

むかしの人がこの二つを区別するときは、「言」と「行」と言ったり、「志」と「功」と言ったりした。また、今日、俗に「説」と「働き」と言うのもこれに当たる。「言行に齟齬《そご》がある」とは、議論に言うことと実行することが一致しないということである。「功を評価して志を評価しない」とは、「実際の仕事のようすによって物を与えるべきであり、心ではなんと思っていようとも、形のない心のあり方を賞賛してはならない」という意味である。また、俗に「あいつの言うことはともかく、そもそもが働きのない人物だ」と言ってこれを軽蔑することがある。いずれも、議論と実行とが食いちがっていることを批判したものである。

であるから、**議論と実行とは、少しも齟齬しないよう、間違いなくバランスを取らなければいけないのだ。**ここでは、初心者の人にもわかりやすいように、人の「心」と「働き」という二語を使って、それが相互に支えあってバランスを取ることによって、どのように人間にメリットをもたらすか、という仕組みと、このバランスを失うことによってどんな弊害があるか、ということを以下に論じてみる。

†心が行き届かない弊害

第一に、人の働きには、大小軽重の区別がある。

芝居も人の働きであるし、学問も人の働きである。人力車を引くのも、蒸気船を運転するのも、鍬をとって農業するのも、筆をふるって本を書くのも、同じく人の働きであるけれども、役者になるのを好まないで学者をつとめ、車引きの仲間に入らずに航海術を学び、百姓の仕事を不満足として本を書く仕事に従事するのは、働きの大小軽重をわきまえて軽小を捨てて重大を取ったものである。よいことだ。

ところで、この区別の基準となるものは何であろうか。本人の心であり、また志である。このような心と志を持つものを、名づけて「心が高尚な人」と言う。人間の心は高尚でなくてはならない。心が高尚でなければ、また働きも高尚にはならないものなのだ。

第二に、人の働きには、難易度に関係なく、有用なものと不用なものがある。囲碁や将棋などは簡単なものではなく、これらの技術を研究して工夫を追究することの難しさは、天文・地理・機械・数学の諸学問と変わらないほどだ。しかし、その役に立つことの大小に至っては、比較にならない。いま、これらが役に立つかどうかをはっきりと知って、役に立つものの方を選ぶのは、すなわち心の見通しがよい人物である。心の見通しがよくなければ、いたずらに苦労するばかりで、働きに効果がない場合がある。

第三に、人の働きには、規則がなければならない。

働きをなすには、時と場所とをわきまえなければならない。たとえば、道徳の説教はありがたいものだけれども、宴会の最中に突然これを唱えれば、いたずらに人の嘲笑を買うだけである。学生の議論も、ときにはおもしろくないこともないけれども、親類や女子どもがいる席でこれをやれば、頭がおかしいと思われる。

この時と場所柄をわきまえて、その規則にしたがうのが、すなわち心の賢さということになる。働きのみ活発であってこの賢さがない場合は、蒸気はあってもエンジンがないような、あるいは船に舵がないようなものだ。ただ、プラスにならないだけではなく、かえって害になることが多い。

第四に、以上は働きがあって心の方が行き届かなかったことによる弊害だが、これに対して、心だけが高尚遠大で、実際の働きがないというのも、またたいへん不都合なものである。

†働きがともなわない弊害

心が高いところにあって働きが乏しい者は、常に不平を持たざるをえない。仕事を求めるに当たって世間の仕事を一渡り見てみると、自分にできるような仕事はすべてみな自分の心の基準に満たないものなので、その仕事に就くのは好まない。かといって、自分の理想にかなうような仕事に当たるには、実力が足りない。

こうなってもその原因を自分に求めようとせず、他を批判する。「時代に合わなかった」とか、あるいは「めぐり合わせが来なかった」とか言って、まるで世界中にするべき仕事がないかのように思い込んで、ただ引きこもってひとりで煩悶するだけ。口にはうらみ言、顔には不満を表し、自分以外はみな敵のようで、世間はみな不親切に思える。その心のようすをたとえてみれば、かつて人に金を貸したこともないのに、返済が遅いといってうらみに思うようなものだ。

儒者は自分のことを評価してくれる者がないのを憂い、学生は自分を援助してくれる者がいないのを憂い、役人は出世の手がかりがないのを憂い、町人は商売が繁盛しないのを憂い、士族は藩が廃されたことによって生計を立てる手段がなくなったのを憂い、役職に就けなかった華族は自分を敬ってくれる者がないのを憂い、毎朝毎晩に憂いがあって、楽しみはない。

今日、世間にこの類の不平家がたいへん多いように思われる。証拠が欲しい、というならば、日常の交際時に、人の顔色をよく観察してみることだ。見た目も言葉も活発で、心の中の快楽が外にあふれ出ているような人間は、世間にたいへん少ない。私の経験では、いつも見るのは憂えている人ばかりで、喜んでいる人を見たことがない。その表情は、お悔やみのとき借りていくのには至極よいだろうと思われるものが多い。気の毒千万なありさまだ。

もし、これらの人を、それぞれの働きのあるところにしたがって勤めさせたら、自然と活発に仕事をする喜びを覚えて、事業は次第に進歩し、最終的には心と働きとがきちんとバランスをとるようになるはずである。なのに、まったくこれに気づかず、働きのレベルは一なのに、心のレベルは十のままで、レベル一の状態でレベル十のことを望み、十の状態で百を求め、これが手に入らないからといって、いたずらに憂えているというのが、これらの不平家なのだ。たとえて言えば、石の地蔵の中に飛脚の魂を入れ、脳出血で動けない患者が神経だけ鋭敏になったようなもので、その不平と思いのままにならない苛立ちは推して知るべしである。

また、心だけが高尚で働きに乏しい者は、人に嫌われて孤立することがある。自分の働きと他人の働きとを比較すれば、最初からかなわなかったとしても、自分の心の高尚さを基準に他人の働きを見れば、これに飽き足りなく思って、ひそかに軽蔑の念を持たざるをえなくなる。やたらに人を軽蔑する者は、また必ず他人から軽蔑されるものだ。お互いに不平を抱き、互いに軽蔑しあって、ついには奇人変人と嘲笑され、世間の仲間入りができなくなるに至る。

今日、世間のありさまを見ると、傲慢無礼で嫌われている人がいる。人に勝つことばかり考えて嫌われている人がいる。相手に多くを求めすぎて嫌われる人がいる。人の悪口をいって嫌われている人がいる。どれもみな、他人と自分とを比較する基準を誤っているのだ。自分の高尚な考えを基準にして、これを他人の働きと照らし合わせる。自分勝手な理想像を基準にし、それで人に嫌われる原因を作って、最後には自分から他人を避けるようになり、孤独で苦しい状態におちいるのだ。

ここで言っておこう。次代の若者たちよ、他人の仕事を見て物足りないなあ、と思えば、自分でその仕事を引き受けて、試しにやってみるのがよい。他人の商売を見て、下手だなあ、と思えば、自分でその商売を試してみるのがよい。隣の家がだらしない生活をしていると思えば、自分はしっかりと生活してみよ。他人が書いた本を批判したかったら、自分でも筆をとって本を書いてみよ。学者を評しようとするなら、学者となれ。医者を評しようとするなら、医者となれ。

非常に大きなことからとても細かいことまで、他人の働きに口を出そうとするならば、試しに自分をその働きの立場において、そこで反省してみなければいけない。あるいは、職業がまったく違ってその立場になれない、というのであれば、その働きの難しさと重要さを考えればよい。違った世界の仕事であっても、ただ、その働きと働きを比較することができれば、大きな間違いはないだろう。

（明治九年八月出版）

第17編 人望と人付き合い

人望論

†人望がない者は何もできない

十人が十人、百人が百人、「誰それさんはたしかな人だ。頼もしい人物だ。この処置をまかせても決して間違いないだろう。この仕事をまかせても必ず成功するだろう」と、あらかじめその人柄を当てにして、世の中一般から期待される人を称して、人望のある人物と言う。

およそ人間世界には、人望の大小軽重はあっても、かりにも人に当てにされるような人でなければ、何の役にも立たない。小さい方でいえば、十銭の金を持たせて町にお使いに出される者も、十銭分だけの人望があって、十銭分だけは人に当てにされている人物と言える。

もちろん、十銭よりも一円、一円よりも千円万円の方が任は重い。さらには数百万円の元金を集める銀行の支配人、または役所の長官などは、ただ金銭を預かるだけでなく、人民の便不便やその財産のあり方や栄誉のあり方にも責任を持つ立場であるから、このような大任を受ける者は、必ず普段から人望を得て、人に当てにされる人物でなくては、とても事をなすことはできない。

人を当てにしないというのは、その人を疑っているということである。人を疑えばきりがない。監視役に監視役を付けて、結局、何の取締りにもならずに、いたずらに相手の機嫌を損なった、というようなバカな話は、古今にその例がたいへん多い。

また、三井や大丸といった大呉服店の品物は、そのブランドを信頼して、品質を詳しく調べずにこれを買い、大作家の馬琴の作品であれば必ずおもしろいに違いない、と言ってタイトルを聞いただけで本を注文する。したがって、三井・大丸の店はますます繁盛し、馬琴の本はますます流行して、商売にも著述にもたいへん都合のよいことになる。人望を得ることが大切だ、というのは、これによってもわかる。

六十キロの荷物がかつげる者に六十キロの荷物をかつがせ、千円の財産がある者に千円の金を貸すべきだ、と言えば、人望も名前も不要で、ただその実物を基準にして物事をなすことができそうなものだが、しかし、世の中で人間がやることはそれほど簡単なものでも、淡白なものでもない。

四十キロの荷物がかつげない者でも、座ったまま数百トンの物を動かすことができる。千円の財産を持たない者も、数十万の金を運用することができる。

いま、試しに富豪と評判のある商人の勘定場に飛び込んで、一度に帳簿の清算をすれば、差し引きして数百数千円が不足するところもあるだろう。この不足は、すなわち財産で言えばマイナスであるから、無一文の乞食よりもさらにずっと下になるのに、世の中の人が、この商人を乞食のように低く見ないのはなぜだろうか。他でもない。この商人に人望があるからだ。

であれば、人望とは実際の力量で得られるものではもとよりないし、また財産が多くあるからといって得られるものでもない。ただ、その人の活発な知性の働きと、正直な心という徳をもって、次第に獲得していくものなのだ。

†栄誉は求めるべきものか

人望は知性や人間性によることは当然の道理であって、本来であれば必ずそうなっていなくてはならないのだが、天下古今の事実として、あるいはその反対の現象を見ることも少なくない。

藪医者が玄関を立派にして流行り、薬屋が看板の文字を金色にして宣伝し、イカサマ師の勘定場にはカラッポの金庫があり、学者の書斎には読めもしない原書が飾ってある。人力車に乗っているときは新聞を読んでインテリぶりながら、家に帰れば昼寝をし、日曜の午後に教会に行きながら、月曜日の朝に夫婦喧嘩をする者がある。

広い世の中では、本物とニセ物、善と悪が入り混じって、なにが是でなにが非なのか見分けもつけられない。ひどい場合には、人望がある、という評判からかえってその人間がインチキであることがわかるということすらある。

そういうわけで、やや見識のある立派な人々に、世間に栄誉を求めることなく、あるいはそれを浮世の虚名と考えて避けようとする者がいるのも、無理はない。これは立派な人間の心がけとして、賞賛すべきことである。

とは言っても、およそ世間の事物について、その極端な一方をのみ論じれば、どんなものにでも弊害は見出せる。かの人々が世間の栄誉を求めないというのは、大いに賞賛するべきことに思えるけれども、それを求めるとか求めないとか言う前に、まず栄誉というのがどういう性質のものかを明らかにする必要がある。

その栄誉というものが、本当に虚名の極致であって、医者の玄関や薬屋の看板のようなものであれば、これを遠ざけて避けるべきだというのは、言うまでもない。しかし、また一方から見れば、この人間社会のことは、すべて虚構で成り立っているわけではない。人の知性や人間性は、花の咲く樹のようなもので、栄誉や人望は咲いた花のようなものだ。樹が育って花が開くのを、なぜことさら避ける必要があるだろう。栄誉の性質を調べもせずにこれを捨て去るのは、花を切り払って樹木のありかを隠すようなものだ。隠してもその効用がアップするわけではない。むしろ、生きているものを殺して使うようなものだ。世間への貢献を考えても、非常に不都合なものと言える。

では、とりもなおさず、**栄誉や人望を求めるべきなのだろうか。そのとおり。努力して求めるべきものである。ただ、これを求めるにあたっては、相応のバランスをとることが重要なのだ。**

心身の働きをもって世間から人望を得るのは、米を量って人に渡すようなものである。升の取り扱いが上手い者は、一斗の米を一斗三合分に多く見せることができる。下手くそな者は九升七合と少なく見せてしまう。私がいう「相応のバランス」とは、多くも少なくもなく、一斗の米をまさに一斗に量ることである。

升で量るのには上手い下手があるが、これによって生じる差はせいぜい二、三パーセント程度。しかし、知性や人間性を他人に示す場合には、その差は三パーセントどころではない。上手い者は二倍三倍にも見せ、下手な者は半分くらいにしか見せられない。あまりにも多く見せる者は、世間に法外な害を与えるから、もちろん憎むべき存在ではあるけれども、しばらくその話はおいて、いまここでは、自分の働きを実際以下にしか見せられない人のために少し論じてみよう。

†正しい自己アピールの方法

孔子は、「立派な人間は、他人が自分のことを評価してくれないと嘆くのではなく、自分が優れた他人を評価しそこなっているのではないかということを気にかけなければならない」と言った。

この教えは、当時世間に流行していた弊害を矯正しようとして言ったのだろうが、後世の無気力なダメ儒者は、この言葉をまともに受け取って、引っ込み思案になることだけに心をこらして、その悪い習慣がどんどん膨らんで、ついには、奇人変人、無言で無情、笑うことも泣くことも知らない木切れのような男をあがめて、奥ゆかしい先生だ、などと称するに至った。人間世界の一奇談である。

いま、この卑しい習慣から脱して、活発な境地に入り、多くの事物に接して多くの人と交際し、自分のことも知られ相手のことも知り、自分自身の持っている実際の力を十分に発揮して働き、自分のためにやったことが、さらに世の中のためになるようにするには、以下のことが必要になる。

†弁舌のすすめ

第一に、言葉について勉強しなければならない。

文字を書いて考えを知らせるのは、もちろん有力な手段で、手紙や著作についての心がけもなおざりにしてはいけないけれども、身近な人に自分が思ったことをただちに伝えるには、言葉以上に有力なものはない。したがって、言葉はなるべく流暢に活発なものでなくてはならない。

最近、世の中では演説会が催されている。この演説会で有益な内容の話を聞くのは、もちろんためになるけれども、そのほかにも言葉を流暢活発にする機会でもあって、これは演説者と聴衆の両者の利益になる。

また今日、弁舌下手の人の言葉を聞くと、その語彙がはなはだ貧弱で、いかにも不自由に思える。たとえば、学校の教師が、翻訳書で講義などするときに「円い水晶の玉」という言葉があれば、こんなことはわかりきったことと考えているのか、そこで少しも説明をしてくれない。ただ、難しい顔をして子どもを睨みつけ、「円い水晶の玉」というばかりなのだ。もしこの教師が、語彙を豊富に持っており、言いまわしの上手い人物であって、「円い、というのは角が取れて団子のようになっていることです。水晶とは山から掘り出すガラスのような物で、山梨のあたりからいくらでも出ます。この水晶で作ったごろごろ転がるような団子のような玉のこと」と解説してくれたら、女子どもにも腹の底からよくわかるはずなのに、使って悪いことのない言葉を使わないことによって説明が悪くなるのは、つまるところ、演説の技術を学んでいないことの結果である。

あるいは、学生に「日本語は不便にできていて、これでは文章も書けないし演説もできないのだから、英語を使い英文を使う」などと、とるにたらないバカを言う者がいる。思うにこの学生は、日本に生まれていまだ十分に日本語を使ったことのない男なのだろう。国の言葉というものは、その国に事物が多くなるのに対応して次第に増加していって、ちっとも不自由などしないものなのだ。

何はさておき、いまの日本人は、いまの日本語を上手に使って、弁舌が上達するよう勉強しなくてはならない。

†見た目の印象も重要

第二に、表情・見た目を快くして、一見してただちに人に嫌な感じを与えないようにすることが必要である。

肩をすくめて愛想笑いをし、お世辞とへつらいで太鼓持ちのような媚を売るのは、もちろんよろしくないが、かといって、苦虫を嚙み潰して、熊の肝をすったような表情で、黙っていることが賞賛に値し、笑えば損になるかのようにして、年中胸の痛みを患っているかのように、生涯両親の喪に服しているかのようにしているというのも、またたいへんよろしくない。

表情や見た目が快活で愉快なのは、人間にとって徳の一つであって、人付き合いの上で最も大切なことである。

人の表情は、家でいえばまず玄関のようなもの。他人と広く交際して、来客を自由に迎えるには、まず玄関を開いて入り口を掃除し、とにかく寄り付きやすいようにすることが緊要である。なのに、いま、人と付き合おうとして表情を和らげるのに気を使おうともせず、それどころかニセ君子のまねをして、ことさらに渋い顔をするのは、戸の入り口に骸《がい》骨《こつ》をぶら下げて、門前に棺桶《かんおけ》を置いているようなものだ。誰がこんなところに近づくものか。

世界ではフランスを文明の源といい、知識が広まる中心地とされているが、その原因を考えてみると、フランス国民の振る舞いが活発気軽であって、言葉遣いも表情も親しみやすく、近づきやすい気風があるというのがその一つなのである。

人は、あるいは言うかもしれない。「言葉遣いも表情も人のそれぞれ生まれ持ったものだから、努力したってどうにもならない。こんなことを論じたところで結局は無駄ではないか」と。

この言葉は一見もっともらしいが、人間知性が発達するあり方を考えれば、当たっていないことがわかるだろう。およそ、人間の心の働きで、これを発展させようと思って発展しないものはない。それは、手足を使えば筋力が強くなるというのと同じである。であれば、言葉遣いや表情も人の心身の働きである以上、放っておいて上達するわけがないではないか。なのに、古来より、日本中でこの大切な心身の働きを捨てておいて、これをどうにかしようとも思わなかったのは、大きな心得違いではないか。

というわけで、私は、今日よりあらためて言語・表情の学問を確立するよう望んでいるわけではないけれども、この働きを人間の徳の一つのあり方として、なおざりにすることなく、常に心にとめて忘れないようにしてほしい、とは思っている。

ある人は、またこう言うかもしれない。「表情を快くする、というのは表面を飾ることである。表面を飾ることをもって人付き合いの重大事とすれば、ただ表情だけでなく、衣服も飾り、飲食も飾り、気に食わない客も招待して分不相応のご馳走をするなど、まったく虚飾をもって他人と交際するという弊害があるだろう」と。

この言葉もまた一理あるようだけれども、虚飾というのは交際の弊害であって、その本質ではない。事物の弊害というものは、ややもすればその本質と正反対になるものが多い。『論語』に「過ぎたるはなほおよばざるがごとし」とあるのは、すなわち弊害と本質とが相反するものであることを評した言葉である。たとえば、食べ物は身体を養うものなのだが、食べ過ぎればかえってその栄養を害してしまうようなものである。栄養は食物の本質であり、食べ過ぎはその弊害である。弊害と本質は相反するのだ。

であれば、人間の交際の本質も、仲よく素直に付き合うことにあるのだ。虚飾に流れるようなものは、決して交際の本質ではない。

およそ世の中に夫婦や親子ほど親しい仲はない。これを「天下の至親」という。ところで、この至親の間を支配しているものは何だろうか。ただ、仲よく素直な真心があるだけだ。表面上の虚飾を退け、払い、掃除し尽くして、はじめてこの至親を見ることができる。であれば、交際の親睦は、その素直な付き合いのうちにあるのであって、虚飾とは両立しないものである。もちろん、私は、いまの人民に向かって、みな親子・夫婦のように交際してほしい、などとは言わないし、その向かっていくべき方向を示しただけである。

今日、俗に、人を評して、「あの人は気軽な人だ」「気のおけない人だ」「遠慮のない人だ」「さっぱりした人だ」「男らしい人だ」と言い、あるいは「おしゃべりで調子のいい人だ」「そうぞうしいけど憎めない人だ」「無口だけど親切な人だ」「強面《こわもて》だけどあっさりした人だ」というような間柄は、家族の付き合いのように仲よく素直な仲を言ったものである。

†交際はどんどん広げよ

第三に、『論語』に「道同じからざれば、相与《あいとも》に謀《はか》らず（道が異なるものとは、互いに相談ができない）」とある。

世の中の人は、またこの教えを誤解して、学者は学者、医者は医者、少しでも業種が異なってしまえば、お互いに付き合うことがない。同窓生で仲よくしていても、卒業後、ひとりが町人になり、ひとりが役人になれば、千里を隔てて、まるで呉と越のように仲が悪くなることさえある。はなはだしい無分別だ。

人と交際しようと思えば、ただ旧友との付き合いを忘れないだけでなく、さらに新しい友人を求めなくてはならない。人間はお互いに接していないと、その思いを十分に伝え合えない。思いを伝え合えなければ、その人物を知りようがない。

考えてもみよう。偶然に会った人物と生涯の親友になった者がいるではないか。十人に会って偶然ひとりに当たったならば、二十人と会えば偶然ふたりを得るだろう。他人を知り、他人に知られるということも、たいていこういうあたりからはじまるものだ。

人望や栄誉などの話はおいておくにしても、今日、世間に知人友人が多いのは、さし当たって便利ではないか。

去年、名古屋の渡しで一緒になった人を今日銀座の通りに見かけて、はからずも互いに都合がいいこともある。今年出入りしていた八百屋が、来年、東北の旅館で腹痛の介抱をしてくれることもあるだろう。

人間多しと言っても、鬼でも蛇でもないのだ。わざわざこちらを害しよう、などという悪い奴はいないものだ。恐れたり遠慮したりすることなく、自分の心をさらけ出して、さくさくとお付き合いしていこうではないか。

交際の範囲を広くするコツは、関心をさまざまに持ち、あれこれをやってひとところに偏らず、多方面で人と接することにある。ある者は学問をもって、ある者は商売によって交際する。ある者は書画の友がいて、ある者は囲碁・将棋の相手がいる。およそ、放蕩のような悪いことでなければ、友人を持つ手段にならないものはない。

技術を要するようなことは苦手だ、という人であれば、共に食事をするのもいいし、お茶を飲むのもいい。さらに、身体が丈夫なものは、腕相撲・枕引き・脚相撲も、座興として交際の助けになるだろう。

腕相撲と学問とでは、世界が違って、お互いに付き合えないようだけれども、世界の土地は広く、人間の交際はさまざまだから、四、五匹の鮒《ふな》が井戸の中ですごしているというのとはちょっと趣が違う。
人間のくせに、人間を毛嫌いするのはよろしくない。

（明治九年十一月出版）

解説

1　現代を生きる私たちが読む意義

†なぜ「学問」か――国民皆学の思想

『学問のすすめ』が勧める「学問」とは何か。それは空理空論ではなく、社会の役に立つ、実用的な学問です。そして、学問をすることで自分の意識がはっきりし、経済がうまく回り、幸せな生き方ができると福澤は言っています。大学に入学する前後の人に学問の必要性を説いただけの本ではありません。当時の日本は、どのようにすれば国や個人が独立し、植民地化を防いで近代化できるのか、皆が考えなければならない状況にありました。そう考えますと、当時の学問がいかに切迫した重要事だったかわかります。

福澤は、すべての人が学ばなければならない、いわば「国民皆学」の思想を鼓舞したわけです。この本は、これから学問をしようとする大学生はもちろん、この社会を生きるすべての人に、何を常識として持ち、何を心の中心に持って生きれば充実した生き方ができるのか、必ずや答えを示してくれるでしょう。

†「個」と「公」の自然なつながり

今の時代に最も必要なのは、大きな目標を目指して動くことで、自分自身も充実するという連環ではないでしょうか。公的なものに奉仕するというと「滅私奉公」のように思われがちですが、それは違います。福澤は明治人のメンタリティを「『お旦那様』とあがめる魂は、腹の底まで腐っており、一朝一夕には洗い流せない」と揶揄《やゆ》しています。また、世に人気のある忠臣蔵の敵討ちは暗殺と同様で、まったく道理にかなわないことだとしてバッサリ斬っています。

世の中を良くしていくことと、自分自身の充実ということ。「国」や「公」と、「個」や「私」が、常に矛盾なくつながっている。そこが福澤スタイルなのです。

現代では、お金儲けと、世のため人のための事業は、まったく両極端のものだと考えられています。しかし、それはむしろ同じ地平線上にあると指摘したのが福澤の面白いところであり、また今にいかせるポイントではないかと思います。公に奉仕する公務員だけでなく、大会社で身を立てたい人も、独立して会社を興そうとする人も、すべての人の志が鼓舞され、心をかき立てられるような本だったとも言えます。

†情勢を見極める目

この本が書かれた明治初期は、男性が社会的に有利な社会で、女性は家庭生活においても今では考えられないほど低い位置にありました。江戸時代の常識となっていた教訓書『女大学』の中に「女三界に家なし」、つまり、幼いときは両親にしたがい、嫁に行ったら夫にしたがい、老いたら子にしたがわなければならないというくだりがあります。これに対して福澤は、「親はともかく、結婚してからも夫の言うことを聞いて、最後は子にしたがえというのはあまりに不公平ではないか」と徹底的な批判をしています。おそらく女性はこれを読んだときに、非常に勇気づけられたことでしょう。

そのような読み方をしてみると、今の時代にも通用する普遍的な論理が満載です。例えば、「国家は個人に契約もしくは委託されているようなものなのだから、きちんと一人ひとりの国民のために安全保障をして守るべきである」と正論を述べる一方で、「国民は気持ちよく税金を払え。少しのお金で安全を買えるなんてこれほど安い買い物はない」というようなざっくりとした言い方をしています。

もし福澤がまだ生きていたなら、今の世の中に対しても言いたいことがたくさんあるのではないでしょうか。第二次世界大戦一つをとってみても、当時の日本はどこか大局的な観点を失っていたところがある。インドや中国を間近に見ながら、日本が植民地化されないように尽くした彼ほどの人物が、欧米列強の力の度合いを理解してきちんと情勢を見極め、反対派の論客となって意見を言い続けたならば、もしかしたら太平洋戦争を回避することもできたのではないだろうか。そういう想像的期待を抱いてしまうほど、福澤の状況把握というのは非常に的確だったのです。

†大きな道筋がみえてくる

今は自分たちが社会に参加しているという意識を持ちにくい時代です。心の底では使命感を持って取り組むミッションが欲しいと思ったとしても、なかなか得にくい。その結果、自分の私的で快適な空間をどれだけ守れるかということに必死になり、国によって社会が安定している恩恵を大いに受けているにもかかわらず、国などいらない、税金など払う必要はないと考えてしまいがちです。自己意識はどんどん肥大しているのに、社会の中で自分の占める割合が極度に小さい。このギャップは、個人をむしばんでいます。

そのような社会では、「気概」を持つことは非常に難しい。向上心が持てず、勉強への意欲もそがれ、就職しても仕事が長く続きにくくなります。福澤は、「衣食住を得るだけでは蟻と同じ」とバッサリ斬っています。また、「独立の気概のない者は、必ず人に頼るようになり、その人を恐れ、へつらうようになる」とも言っています。何か大きな柱となる目標や気概というものがないと、現在の生活を推進していくのにもリスクが伴うようになります。今の生活を維持さえすればよいと思った人は、実はリストラされたりしやすいわけです。

では、常に上を目指していかないと突き落とされてしまうような社会で、斜め上に向かって飛ぶ矢のように生きるためには、どうしたらよいのか。

そこでこの本を読めば、必ずや方向性を見出して、気概というものが身に満ちるのを感じられるはずです。ここで言う「気概」とは、単に根性を指すのではなく、きちんとやるべきことが見えていて、そこに全精力をかけていきたいという明確な思いのことです。

†客観的な判断力が心の安定につながる

今はインターネット時代になって、交流の範囲がどんどん大きく広がっています。『私塾のすすめ』(ちくま新書)という本で梅田望夫さんと対談させていただいたときに、梅田さんは、リアルの世界で気が合う人間がいなかったとしても、ネットの世界では自分と志を同じくする人を見つけられる可能性があり、そこでできる「志の共同体」がこれからの社会を良い方へ引っ張っていく力になるのではないかとおっしゃっていました。それは例えば皆で知識を無償で共有しようとするウィキペディアのように、ある種の人間の健全さ、公共性というものが発揮されている世界です。

これを福澤流に言えば、「交際」ということで、「関心をさまざまに持ち、偏らずにいろいろな人たちからいい刺激を受けながら、多方面で人と接しよう」と説いています。交際は広げていくべきだという考えの究極の形がまさに現実となっているわけです。

しかし、逆の暗い面を見れば、ネットで知り合った顔見知りでない者同士が集団自殺したり、一緒に強盗殺人を犯してしまうことだって起こり得る。今の時代というのは、いろいろなものが良くも悪くも増幅してしまう社会なのです。ですから、個人の心の状態を整えるのも、非常に難しくなっている。

しかも、今の日本の場合は、日常生活において柱となる道徳がはっきりとありません。キリスト教道徳やイスラム教道徳のようなものもないですし、論語のような儒教の考え方も今の日本人の柱にはなっていません。仏教（特に禅）の影響力も小さくなり、神道も太平洋戦争の敗戦で否定されて以降そんなに広まっていません。かといって、スピリチュアルなものが心を支えるよりどころとなるかというと、すべて否定はしませんが、客観的な社会認識を狂わせる側面も持っているはずです。

生き方の型を失った現代では、心を安定させて生きていくということが一層大切になってきています。そのためには、社会と自分との関係をしっかりつかまえて、客観的に物事を判断できる能力は皆つけたほうがいい。そうすれば前近代的で魔術的な世界に閉じこもることなく、自分自身を社会にしっかりとさらし、世界をすっきりと見晴らすことができる。そのざっくりとした態度というのも、やはり福澤の遺産と言うべきものです。

今の若い人たちの心の処方せんというべきでしょうか。社会を見つめたこのような生き方のすすめは、免疫力を高める一番の薬ではないでしょうか。これほど道徳というものが道徳くさくなく、すっきりと、人間にとって重要なポイントをすべて含めた形で語れる人というのは、現代においてもなかなか見出しにくいと言えるでしょう。

†社会と個人の関係を考えるモデル

本書の最後は「人間のくせに人間を毛嫌いするのはよろしくない」という言葉で締めくくられています。そこでは、他人と積極的に交際し、知見を広めて、この社会全体を良くしていこうではないかという明るい展望が語られています。個人、人間関係、コミュニケーションの問題と、社会の作り方、国の支え方みたいなものがひとつながりになった一つのモデルをこの本は提示してくれます。明治の人々も、当時のベストセラーである本書をベースとして、国家と個人の関係、そして個人の自由というものの考え方を、これからの常識としていこうと考えていました。

こうした民主主義の基本や、身分制に対する批判、人間は相互に皆同等の権利を持つという基本原理などは、戦後の憲法に慣れている私たちには馴染みやすいものではありません。しかし、現代の私たちはそのような原理が骨身に染みてきちんと身に付いているのかどうか、見直すきっかけにもなるでしょう。

2　福澤諭吉のことば

†一つの体で語りかける

処女作から作家のその後の方向性が読み取れるとよく言いますが、何かが生まれてくる最初の地点には、シンプルな形ですべての萌芽が詰まっています。近代日本の始まりの時期に世に出た『学問のすすめ』の中には、その後の日本で大事にされている価値、考え方の基本がすべて入っています。時代状況を踏まえつつ読めば、社会科も、国語も、道徳も、すべての面で基本が押さえられる、人の生き方のテキストとなります。

皆さんは小学校から高校まで、たくさんの教科書に出会いながら、それに本当に感動した体験は少ないはずです。なぜかというと、一人の人間が責任をもって、自分の顔を出して自分の声で、聞き手に生身の体ごと語りかけていないからです。もし、一人の個人の著者が、日本の歴史を真に語りきったものであるならば、少し事情は変わってくる。

もちろん共同執筆で分担を決め、正確なことだけをきちんと学ぶテキストは必要です。

けれども、それらと『学問のすすめ』は違う性格のもので、肉体性を伴っているところがこの本の良さなのです。

福澤諭吉という人物がそこにいて、そのまま目の前で語っているかのような温かさと迫力がある。その迫力は権威を振りかざすようなものではないので、非常に親しみが持てるわけです。

†恐れがない文体

自叙伝『福翁自伝』は、そこに福澤がいて、そのまま語りかけているような息づかいが随所に感じられ、日本が世界に誇る自伝の最高傑作と言うべきものです。単に人生そのものが面白いだけではなくて、そのような文体で本を成せた能力自体が、日本が生んだ最高の天性の啓蒙家であることの証明に他なりません。

文体には、その人柄が表れます。福澤の文体は、他人に理解されることを恐れていない文体なのです。学者によっては、人にわかられてしまうともう新たに出すものがないという人もいれば、内容がたいしたことがないのでわざわざ難しい言葉を使ってごまかす人もいます。正確さを期して難しい言葉を使うケースもありますが、わかっていることの本質をクリアに相手に伝えようとする姿勢自体が欠けている場合があるのです。その多くは、啓蒙的能力の欠如と、百パーセント理解されきってしまうことへの恐れに起因します。

†美辞麗句が嫌い

福澤の文章の面白さは、基本の構造をクリアにしてみせるところにあります。彼は漢学者のことを、「もってまわったくどくどしい言い方をするくせに、内容はほとんどない」と酷評しています。美辞麗句やこけおどしみたいなものを非常に嫌っていたわけです。福澤の文章は言葉づかいが非常にうまい。けれども、言葉を飾って事柄を立派に見せるようなことは一切やらない。むしろ、ある事柄をきちんと伝えたいがために、ユーモア交じりの面白い比喩を用いるという文章なのです。

†西洋語の翻訳

福澤たち啓蒙家の残した大変大きな功績の一つに、西洋の考え方や言葉を日本の言葉に直したことがあります。私たちが普通に使っている「幸福」や「社会」や「権利」という言葉も元は訳語ですが、今や日常生活で当たり前のように認識の道具にしています。

今回現代語訳するにあたっては、「権理」という言葉が随所にありました。普通は「権利」と書くわけですが、rightという言葉を訳すのであれば、福澤が使っている「権理」の方が「きちんとした理が通っている」という元の意味を正しく反映しているように感じました。

「権利」ですと、「自分の利益ばかり主張すること」といったように、個人のわがままといったニュアンスを含んでしまいがちですが、本来はそのようなものではないはずです。いわば天から与えられ当然持っているべきものであって、主張しても何ら恥じることはない。例えば、基本的人権というのは「権利」ですが、その「利」は利益の「利」ではなく「理（ことわり）」です。漢字一文字が違うだけで、私たちの認識が随分と変わってしまう。文字というものは、非常に大きな影響を与えるものだと痛感しました。「権理」の二文字は福澤の思想の根幹をなすものなので、これをきっかけにこの字を使うようになってほしいという願いを込めて、一貫してこの文字を用いました。

また、「交際」という言葉は、個人個人の交際だけでなく、「突然外国との交際が開けてきた」というようにも用いられます。「交際」は一つの概念であって、現象ではない。そう考えますと、一国が他国と「交際」するレベルと、今の私たちの個人的な付き合いも、

「交際」の一語で繋がってくるのです。

「権理」しかり「交際」しかり、言葉一つで、スケールのミクロなものからマクロなものまでを貫き通してみることができるのが、この当時の言葉の威力です。この本にはそのような言葉が満載なので、さまざまな概念を学んでもらえるとうれしいと思います。

3　福澤諭吉という人

†ざっくりしていて快活な人

一言で福澤の人柄を表すと、非常に「ざっくり」していると言うのでしょうか、こまごました前置きや注釈はなく、物事の本質をつかみ一番大事なところだけを取り出して見せてくれる人です。

また、その文体にユーモアがあるせいか、いつも上機嫌で最先端で戦っているという印象があります。普通は、社会に対して戦うとなると、何々をすべきとか、これをやらなければ滅びるなどと人を脅迫しがちなのですが、もっと軽やかです。

「表情や見た目が快活で愉快なのは、人間にとって徳の一つであって、人付き合いの上で最も大切なことである。」という一節があるのですが、福澤はまさに、このような「快活さ」を持った人間です。

†保身や嫉妬がない

また、福澤には恐れというものがない。そこが私が彼を非常に好きな理由です。例えば、貝原益軒をぼろかすに言えば、益軒ファンはたくさんいて、自分の身を守ろうとする漢学者もいるのですから、彼らからの攻撃があるわけです。ところが福澤は、学者らしく専門知識をひけらかしたり、沈黙を貫き通したり、保身に走ることをしません。

もちろんディフェンスはするでしょうけれども、保身や嫉妬というのをまったくしないのが、非常に大きな特徴です。福澤自身もこの本の中で、「怨望は、諸悪の根源のようなもので、どんな人間の悪事もここから生まれてくる。猜疑、嫉妬、恐怖、卑怯の類は、すべて怨望から生まれてくる」と言っています。

†西洋人も、時にはバッサリ

福澤は、西洋の力は認めますが、西洋人のものを無条件で礼賛しているわけでもないのです。例えば、もし東西が逆で、西洋人がちり紙で鼻をかんで、私たちがハンカチを洗濯して使う文化だったらどうなのだろうといった例をたくさん出しています。また、「宗教改革でプロテスタントが出現したことによって、カトリックと血みどろの戦いをした。もし、これが東西逆で、西洋に親鸞が出て、日本にルターが出たとすれば、西洋人はさぞかし日本の血みどろの戦いというものを批判するだろう」と痛烈な皮肉も言っています。

このように、西洋が優れていて日本が劣っているという考えではなく、そのものの価値が認められればどこのものでも構わない。「それはそれ、これはこれ」という区分けがとてもクリアにできた人でした。例えば、漢学者を批判する一方で、漢文をすべて否定するのではなく、適宜そのときの状況に合わせて、合理的に良し悪しを判断していく……教条主義と呼ばれているものとちょうど対極にある生き方です。

野球に例えれば、イチローのように、一番必要なフォームをその場その場で選んでいくというような柔軟さが福澤にはありました。柔軟に適応できるということ自体が力であることは進化のプロセスを見れば明らかであり、彼が説いたのはそのような柔軟な環境適応の力だったとも読めるわけです。

†見返りを求めない

北里柴三郎の伝記（山崎光夫著『北里柴三郎』下巻　中公文庫）に、北里がドイツ留学から帰国した際に、福澤の援助を期待して面会しに行く話があります。

その際奥さんに、「福澤先生とはどういう先生か」と聞いたら「あなた知らないの？」と言って、「これは大変な先生で『学問のすすめ』という本は皆読んでいるわよ。私も読んだから、あなたも読みなさい」と薦められたので、それを読んで、一節を福澤の前で全部暗唱したところ、信頼を得たという逸話が残っています。

伝染病研究に大きな力を持ちつつも、日本で働く場所がなかった北里に、福澤は自分の土地を貸して研究所を作らせ、そこの経理をやる人まで紹介しました。自分は見返りを求めない。そういう日本全体を考えた大きな決断が、自然にできる人だったのです。

†筋力

論理的であることが、今の世の中では求められています。福澤は極めて論理的でありながら、それ以上の力を持っていました。それを「筋力《すじりょく》」と呼んでいるのですが、本筋を見つけてきちんと通していく力が彼にはありました。筋を間違ったならば、その後にどんな緻密な論理を積み重ねたとしても、大した意味を成さないのです。

例えば、サブプライムに発する世界同時不況も、破たんするのが目に見えているような金融商品を擁護する論理が、専門家によって山ほど作られていた。破たんしてから気がつけば、全然筋の通らない金融商品だったわけです。それによって世界が大混乱して日本にまで影響があるというのは、筋違いのことなのですが、筋というものを見失ったところにある論理というものは用を成しません。

福澤のように、本当の意味での学問をしてきた人間というのは、筋を見出す人間なのであって、その力自体をこの本からくみとっていただきたいです。

†ガラス張りな生き方

例えば禅では、完全にわかるということはないなどとよく言われますが、奥深い世界だとは思いつつモヤモヤしてしまいます。また、和歌や俳句は短すぎて解釈がいろいろ生まれ、何が言いたいのかについてはどうも不透明さが残ります。

完全に透明になりきらない日本文化ならではの良さというのは認めますが、一方で、福澤のように、いつでもクリアにガラス張りというのでしょうか。すっきりとした透明感のある、恐れない生き方もいいなと思います。

著者というのは必ずしもその著書の内容をすべて実行できたり、反映できなくてもいいわけです。それを気にしたら、ものを書けなくなってしまいますから。しかし、福澤の場合は、いつも胸襟を開いて、まっすぐ人の前に立って、自分の意見をクリアに言う。言行一致と言いますけれども、『学問のすすめ』がまさに勧めている生き方と福澤自身が何の矛盾もなく繋がっており、著書の内容と人物そのものがこれほど一致しているというのは大変な幸福ではないでしょうか。

4　ビジネス書としても読める『学問のすすめ』

†最強のビジネス書

最後に付け加えると、『学問のすすめ』は、実は日本最強のビジネス書としても読めるのです。

福澤諭吉は学問をした人というだけではなくて、経済人として大成功を収めた人でもあります。そもそも大学、塾を一つのビジネスモデルとして確立し、授業料を納めるように定めたのも福澤の功績です。

どうすれば仕事ができるのか、成功できるのか述べられているのがビジネス書ですが、著者の強烈な考え方や息づかいが、その人の言葉で語られているところに威力を発揮するわけで、福澤はまさに自身の言葉で私たちを元気づけてくれます。働く気持ちに火が付くという感じなのです。

仕事をする意欲を励ますというビジネス書の一番大切なところを押さえつつ、今の日本社会がどのような状況にあって、それに対して自分は何をしなければいけないのかという大局的な見方という要素も欠かせません。これほど大所高所から時代を読み切って、向こう百年どころか何百年かを見通しているような時代認識、社会認識というものを持ち得た本もないでしょう。

さらに、第十四編で「多くの人は事の難易度から時間のかかり方を計算しない」ことを批判したり、第十七編で「正しい自己アピールの方法」が述べられているように、俗的なところで眺めることを恐れずに、具体的なアドバイスも盛り込まれていることも考えますと、今ビジネス書で評価されているポイントを非常に大きなスケールで徹底した形がこの本ではすでに実現されています。今回、現代語に訳したことで、これが最強必読のビジネス書として、国民皆読の書になることを祈ります。

おわりに

この『学問のすすめ』には、明治初期の時代認識が色濃く反映されています。現在から見ると、差別的と思われるような表現もありますが、そのような表現をすべて削除してしまいますと、福澤のざっくりとした勢いのある表現が伝わりません。

何かをさげすむためではなく、大事なことを示すために引いている例が多いので、本当に言いたい「本筋」をくみとっていただければ幸いです。

現代語訳に際しては、二〇〇六年四月、講談社学術文庫から刊行された、福沢諭吉著・伊藤正雄校注の『学問のすゝめ』を底本とし、充実した注を参考にさせていただきました。記して感謝いたします。

また、この本が形になるにあたっては、ちくま新書編集部の伊藤大五郎さんと金子千里さんに大きなご協力をいただきました。ありがとうございました。

二〇〇八年十二月

齋藤 孝

ちくま新書
766

現代語訳《げんだいごやく》 学問《がくもん》のすすめ

二〇〇九年二月一〇日 第一刷発行
二〇二五年九月 五日 第六七刷発行

著者 福澤諭吉（ふくざわ・ゆきち）
訳者 齋藤孝（さいとう・たかし）
発行者 増田健史
発行所 株式会社 筑摩書房
東京都台東区蔵前二-五-三 郵便番号一一一-八七五五
電話番号〇三-五六八七-二六〇一（代表）
装幀者 間村俊一
印刷・製本 三松堂印刷 株式会社

ISBN978-4-480-06470-7 C0212

ちくま新書

329 教育改革の幻想　苅谷剛彦
新学習指導要領がめざす「ゆとり」や「子ども中心主義」は本当に子どもたちのためになるものなのか？　教育と日本社会のゆくえを見据えて緊急提言する。

399 教えることの復権　大村はま／苅谷剛彦・夏子
詰め込みかゆとり教育か。今再びこの国の教育が揺れている。教室と授業に賭けた一教師の息の長い仕事を通して、もう一度正面から「教えること」を考え直す。

517 学校評価 ――情報共有のデザインとツール　金子郁容編著
学校をサービスとして評価する、とはどういうことなのか？「与えられる」ものではなく「地域で作っていく」教育について、その方向性とツールを具体的に示す。

522 考えあう技術 ――教育と社会を哲学する　苅谷剛彦／西研
「ゆとり教育」から「学びのすすめ」へ、文教方針が大転換した。この間、忘れられた、「学び」と「教え」の関係性について、教育社会学者と哲学者が大議論する。

543 義務教育を問いなおす　藤田英典
義務教育の改革が急ピッチで進められている。だが、その方途は正しいのか。義務教育制度の意義と問題点を見つめなおし、改革の道筋を照らす教育社会学の成果。

679 大学の教育力 ――何を教え、学ぶか　金子元久
日本の大学が直面する課題を、歴史的かつグローバルな文脈のなかで捉えなおし、高等教育が確実な「教育力」をもつための方途を考える。大学関係者必読の一冊。

721 中高一貫校　日能研進学情報室
中学入試が定着したいま、小学校高学年の子どもをもつ親の意志がとても重要になっています。中学高校は多感な時期。預け先を間違えないための秘訣を伝授します。